U0348928

等我**长大了**，就是于**大海**

身处混乱的**职场江湖**，唯一的策略就是：快一步，**加满油**

发展就像走钢丝，**保持平衡**，才能继续**向前**

逃跑冒险，或许更**危险**

上山

一飞冲天，还是孵蛋打鸣，每只鸟都有属于自己的**天赋梦想**

接纳不完美,是一种穿越时光的智慧

真实的人生,在于给可能性留白

摆脱自我否定,才能自由地蜕变为精彩大虫

成就感

直面挫折

自卑

才能打开自卑的心锁,才能释放成就感

你选择了自己想要的风景,就不必为可能的失落懊悔自责

无限风光在险峰

阳关大道是坦途

走进缤纷的世界，给自己一个新奇的世界

找到让自己升级的钥匙，打开人生新的格局

将军之门

真实自我

靠谱么？

风险太大

做梦吧？

没有优势

打败内心小恶魔，建立踏实信心，真实自我才能站在舞台中央

起而攀登

绝不停歇

被标签诅咒，就会背离了自己的内心

犟

人生拐角

生涯咨询师手记

赵昂 著

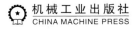
机械工业出版社
CHINA MACHINE PRESS

是什么原因，让一个有着丰富职场经验的人困在了机会里？是什么原因，让一个能力超强的人陷入迷茫？是什么原因，让一个年富力强的人找不到自己的热爱？又是什么原因，让一个前途光明的职场中坚自怨自艾？这些问题，既是一把把锁，锁住了他们的职业生涯，同时，也是一个个人生指示牌，为处于人生拐角的人，指引着方向。

本书是一位资深生涯咨询师多年咨询经验的呈现，也是对人生拐角这块指示牌的破译。从数千小时的收费咨询、一百多万字的文字记录中萃取的25个故事，里面一定有你的影子。在别人的故事里，长自己的智慧；在人生拐角处，遇见更好的自己。

本书适合每一个身处职场的人，同时，也可供生涯咨询从业者参考。

图书在版编目（CIP）数据

人生拐角：生涯咨询师手记 / 赵昂著 . —北京：机械工业出版社，2022.7
ISBN 978-7-111-71214-5

Ⅰ.①人… Ⅱ.①赵… Ⅲ.①职业选择－咨询心理学－通俗读物 Ⅳ.① C913.2-49

中国版本图书馆 CIP 数据核字（2022）第 125535 号

机械工业出版社（北京市百万庄大街 22 号 邮政编码 100037）
策划编辑：王淑花 张潇杰 责任编辑：王淑花 张潇杰
责任校对：史静怡 王明欣 责任印制：李 昂
北京联兴盛业印刷股份有限公司印刷
2022 年 8 月第 1 版第 1 次印刷
145mm×210mm · 7.75 印张 · 7 插页 · 159 千字
标准书号：ISBN 978-7-111-71214-5
定价：79.80 元

电话服务　　　　　　　　　　网络服务
客服电话：010-88361066　　机 工 官 网：www.cmpbook.com
　　　　　010-88379833　　机 工 官 博：weibo.com/cmp1952
　　　　　010-68326294　　金 书 网：www.golden-book.com
封底无防伪标均为盗版　机工教育服务网：www.cmpedu.com

赵昂是一位令我十分敬佩的老师。每当你走近他，就会感知到他身上的那种力量：聪颖、智慧而富有逻辑，并有十足的进取心、耐力与毅力。这些特点使他打造的人生（事业、情感）成长体系，科学而系统，甚至体系中的每一个碎片，都会让你感受到某种强烈的共鸣和收获。更难得的是，他是一个善良而充满爱心的学者。如果有一天，你跟他相遇，你会感受到某种温暖和力量，会不由自主地被吸引。

如果你身处迷茫，这本书一定会带给你启发；如果你忍不住焦虑，这本书会帮你找到出口；如果你不知所措，被生活所困，这本书能让你感受到被理解的同时，还会给你惊喜。

——中国心理咨询师成长联盟总发起人，

华夏思源心理网创始人、CEO 李晓春

赵昂老师是国内生涯规划领域当之无愧的著名人物。他的新书《人生拐角》，凝结了他多年积累的人生智慧，是一本令人惊喜、特别实用的个人发展指南。如果你正在寻找方向，那就拿起这本书，好好读起来吧，你一定会深受启发！另外，我们这些做咨询的人真的要好好重视这本书，它能让我们更懂人、更懂选择，从而更好地辅助客户做好关键决策。

——个人品牌专家，《一年顶十年》作者　剽悍一只猫

在本书的 25 个故事中，你可以找到大部分职业发展困境的解决方案，这不就是职场游戏中一本很独特的"攻略"吗？

——人才发展专家，得到 App "怎样找准你的职业路线"
"怎样成为快速识人高手"课程主理人　薛毅然

本书从实战派咨询师的视角出发，用众多的案例故事生动呈现了人们在职业生涯中可能遇到的各种困惑。赵昂老师通过情景对话带我们进入角色思考，剖析问题所在并寻找突破点，一起破译人生拐角处的指示牌。别让这些困惑锁住我们的职业生涯，它只是人生转角的必经之路。

——MBA 智库创始人、CEO　倪其孔

在生涯规划领域，赵昂老师是我非常钦佩和认同的老师。他在这条路上深耕已久，并有着自己独到的见解。这些年，他的每一本书我都仔细阅读过，思考过，感悟过，受益匪浅。如果你正在为自己的未来迷茫和彷徨着，一定要认识赵昂老师哦！

——青年作家　一直特立独行的猫

写作是一件挺难的事，能把生涯发展中的成长以故事形式写出来则更难，能把故事写得引人入胜，还逻辑清晰，让人读后有收获，回味时有启发，难上加难。赵昂老师的新书《人生拐角》

做到了，希望你能和我一样喜欢读。

——结构思考力研究中心创始人　李忠秋

在职场中，有一句名言叫"选择比努力更重要"。那怎么才能让正在努力的自己做出好的选择呢？你可以选择靠自己花时间琢磨，碰得头破血流；你也可以翻开这本书，请赵昂老师做自己的生涯导师，帮你解除迷惑，乘风破浪而行。

——《洋葱阅读法》作者，游戏化创新教育专家　彭小六

人生拐角亦是风景，有《人生拐角》相伴，下一程更美。

——《谁扼杀了孩子的财富自由》作者　陈昱

从放弃大学专业到遭遇职业天花板；从面临升职还是生育的选择，到毅然转型选择自由职业；从成为全职妈妈到挣扎着完成专业转型；从穿越中年危机到重启事业第二曲线……我今年45岁。一口气读完这本书，就好像昂Sir陪伴着我完成了一次对前半生职业生涯的回望。那其中的磕磕绊绊，在每一个故事里，都得到了清晰而温暖的回应。让我释然、放下，再次充满力量，整装前行。我感叹，为什么没有早点遇到这本书！现在，一定要把这本宝贝书推荐给那些也期待获得自我实现，并且始终都没有放弃的你——无论你是25岁、35岁，还是45岁。让它陪着你，一路披荆斩棘，勇往直前。

——资深培训师，心理畅销书《学会说话》《焦虑是头大象》

作者　张心悦

赵昂老师是一位优秀的职业生涯引路人，他不会直接把你带到未来，而是不断问你，启发你，引导你，让你看见自己的内心，拨云见日，从而走过人生拐角。

——畅销书《学习的学问》《持续行动》作者　Scalers

老赵是国内职业生涯领域少有的实战派专家，他的经历、洞见可谓独树一帜。书中数十个职业发展故事，极具启发性地回应了如何找到定位、突破瓶颈、处理职场人际关系、自我更新、转型与创业等各方面职场人关心的问题。更重要的是在每章末尾，为行动派提供了反思与行动的工具箱！

——简耕联合创始人，中国心理卫生协会
注册心理咨询师　维哲

经历过了，才知道那是转角；转过角来，就容易看到远方。

读这本书，就像在听一位智者徐徐讲述他的咨询故事，其"经历"的转角，或许能触发你在通往远方的路上，踏出勇敢的一步。

——专业教练导师，元初商业教练创始人，华章教练工作室
创办者，工学博士　鲁华章

职业生涯的迷茫，有人是因为图稳定而忽视了自我的成长；有人是因为顺从了专业而忽略了自身的优势；也有人注重了专业的成长而忽略了人际关系能力的培养等。赵昂老师的这本书，不仅给了相应的解决方案，还为你我呈现了各种场景下的心理冲突和

心理分析，是一本工具性的好书，值得好好阅读！或许在职业生涯的每个时期，都可以从这本书上找到自己的影子。

——管理心理学专家　彭旭

　　生命的境遇从来不会平淡，而是由一个个"对钩儿"组成的绵延轨迹，永远都有向下的落笔处，也有向上的提升期。本书围绕五大关键问题，用故事、理念和工具教会你如何经过拐角，重新上扬，绘制出一个个人生的对钩儿。

——个人成长教练品牌课创始人　易仁永澄

　　每个人的人生成长轨迹是一个螺旋上升的过程，过程中会有很多拐角处。昂 Sir 的书仿佛在拐角处为你准备了一个一个锦囊，遇到拐角处打开锦囊便豁然开朗，笃定前行。

　　人生的道路上所有的过程都不可省略，走好每一步，遇见更好的自己。

——重庆自行者科技有限公司创始合伙人、

技术副总　祝华泽

　　作为已经到知天命年龄的我，看了这本书后，我愿意郑重推荐它。

　　此书通过故事的形式呈现，让你轻松融入其中。你在不知不觉中学会职场生涯智慧的同时，也能借助书中浅显易操作的工具去思考及践行，助力你跨越职场人生路上的各种卡点，明确自己前进的方向。

《人生拐角》就如指路的明灯，是你生活的贵人，是你形影不离的好伙伴，就像有位导师一直陪伴在你身边随时为你引导方向，为你保驾护航。每个人都值得拥有。

——浙江金华生涯规划师　应明

这本书不仅可以作为各类职场人的发展锦囊，更是职业咨询师进阶必备的武功秘籍。在书中，赵昂老师以咨询师的视角，亲自示范其在面对各种生涯困惑时应该如何拆解，如何提问，如何抓住关键点，推动来询者的觉察、成长与改变。

阅读这25个咨询故事，就像是观摩了25堂咨询大师课，作者为我们展示了面对不同客户灵活多变的咨询风格以及庖丁解牛般精准流畅的问题解决过程。即使面对最为棘手的"咨询师杀手"，昂Sir也能以真诚轻松化解。这本书让我忍不住随身携带，常看常新。

——思爱普（中国）软件系统有限公司成都分公司产品
专家、高级咨询顾问　冯天雨

"王子和工作很幸福地生活在一起了……"这是当下教育观念中上个好大学、找个好工作的逻辑，然而现实呢？从《人生拐角》中，我感受到了真实的职场人面对的各种困境。而当这样鲜活的案例呈现在我的学生眼前时，他们感受到的是一份来自未来的预见，更重要的是这样的迷茫、无助和困局是有解的，当他们真的遇见的时候，就会去寻找自己的答案。而当他们现在看到了这些，也就开始提前预警、提前准备，也就能少走很

荐语

多弯路。

——浙江省"最美教师" 邱良

这本书中的每个故事都藏着哲理，又饱含现代气息。捧起容易上手，读来容易上口，思来容易上头。作者不讲高深的道理，就像和读者在聊天，书中的人物就像自己的朋友，普通平常却又很真实，有些事就像自己经历过一样，能引发我们的共鸣和思考。对于普通人来说，如何在人生出现拐角的时候摆脱迷茫，突破困境，继续向前从而实现自我价值？我在这本书里找到了答案。极力推荐大学生和职场人士精读。

——河源市关心你特产超市经营者，宝茹文化传播有限公司
总经理 朱宝阳

我读完赵昂老师的新书《人生拐角》时，第一个想法，就是将它推荐给公司的同事，开展主题阅读……总之，就是想让更多的职场人看到书中的故事，在他人的生涯故事里，找到自己的生涯答案。

在职场中的我们，走到人生拐角处，被迷茫、恐惧、选择困扰时，总想要找到快速、有效、确定的方法和路径，迅速走过这个拐角，走向下一段人生旅程。《人生拐角》里鲜活的生涯故事，从刚入职的小白，到人到中年的成功人士，在他们的故事里，有你、有我，有每一位职场人的身影。书中有让你走过拐角的落地工具，有抽丝剥茧的自我洞见，还有一个个有温度、闪着光的人生梦想。

这不仅仅是一本关于生涯的工具书，而是可以带你探寻自我，看到因果关系，追寻梦想的生涯智慧书，是生涯旅途中知行合一的心法宝典。

读《人生拐角》，每一位职场人不仅仅可以走过人生拐角，还会在漫长的生涯中，找到心之所向的职业，奔向热爱的生活。

——中广核新能源新疆分公司培训经理　曹琦

25 个职场故事，25 个熟悉的场景，25 个在职场江湖中冲杀的你我他。

在安静的台灯下，内心波涛汹涌地读完了这本《人生拐角》。往事历历在目，都是我的曾经。

如果人生可以重来，多么期待在我曾经的拐角，遇见你。

还好，这一次的遇见，也不算晚。

我是一名有着 20 年经验的外企 HR。看过了太多职场人的拼搏起伏，在赵昂老师的笔下，再现当事人才能体会的职场江湖。

推荐你读《人生拐角》，在别人的故事中看到自己，在展开的书香中找到你要的答案。

——阿自倍尔仪表（大连）有限公司 总务人事课课长　维卡

这是一本职场"预言书"，无论你是刚入职场的菜鸟还是久经职场的大拿，都能从书中预见未来可能遭遇的危机、困局。书中典型的咨询案例，让我们能从他人的故事中感悟生涯发展的本质。书中提供的策略定见、解决思路及自助工具，让我们有了活得从容的砝码。令人震撼的是，这是一本让我看了热泪盈眶的书，直击心灵，点燃我那曾经埋在心底的梦想。这本书就像一道光，给我们指明方向，让我们看见无限可能。

——生涯教育咨询师　邝月梅

读这本书，好似在看一面镜子，于字里行间，发现自己的影子；读这本书，好似手握锦囊，于人生迷茫处，寻得拨云见日的人生妙计；读这本书，好似一位资深咨询师在对你轻轻耳语，于无形中抽丝剥茧，令你豁然开朗。

开卷有益，初读者着迷，再读者悦己，深读者助人达己。期待在人生拐角遇见你。

——洞见生涯游戏认证引导师，资深人力资源管理
培训专家　李鹏飞

"人生拐角，感恩遇见"。在这样一个瞬息万变的时代，在职场风起云涌的突变中，在《人生拐角》，你会遇见那个最幸运的自己：也许是职场的突围，也许是优势的绽放，也许是任性的落脚，也许是梦想的成就……在这里"要么给自己找一个引路人，要么，就把自己升级为将军"。

感恩遇见，昂 Sir 新作，带给我的是信心、底气和通往未来的路：在别人的生涯故事中，洞见自己的未来；在大量的咨询案例中，探索助人的智慧和成长的轨迹。

——甘肃某中学生涯教育负责人　刘建会

这是一本为深陷职业生涯发展困局的人指点迷津的书，书中

的问话像太极推手一般圆润有力，带领客户抽丝剥茧，直面问题的本质；这是一本可以自我教练的书，书中的自助工具可以让我们不受干扰地叩问自己的内心，向内挖掘资源，向外开阔视野，升级认知，看到更多的可能；这是一本生涯助人者必读的书，25个案例概括了五大职业生涯发展问题、本质和解决策略，为问题解决、生涯咨询提供了很好的范例。

——河北师大教授，河北智慧智库专家，

《通往未来之路》合著者　任国荣

前言

33 岁那年，我的人生拐了一个大弯——裸辞了一份还不错的管理工作，准备做一个前途未卜的生涯咨询师。

已经记不清那是第几次转型了。当年，大学计算机专业毕业的我，做了令别人羡慕的大学教师。三年后，因为无法安放自己的热情，辞职了。这一次辞职，是我将近十年职业生涯探索之路中的第一次。之后，我做过通信工程师，做过雅思教师，做过知识产权审查员，做过出国项目事务官，做过杂志社编辑、记者。为了谋生，还做过家教、电话销售，卖过保险。为了开阔视野，我进修了英语，读法律硕士，在大学蹭课。为了能让探索的过程持续得久一些，寒冬腊月，我住在"鸽子笼"里，白天工作，晚上兼职，在一个城市里奔波，经常顾不上吃晚饭。

进入职场的前十年，我像一个迷路的孩子，沿街乞讨，一路打听，有点消息就赶过去，到了地方发现不对，再重新出发。打听什么呢？我也不知道，只是逢人就问："哪里才有让人热爱的职业？"后来，做了咨询师，我才知道，很多人和我一样，深陷迷茫。

直到 2010 年，我找到了"热爱的职业"——生涯咨询师。

本来心怀热情，可是，一开始，我就碰壁了。这是一份"我爱她，她不爱我"的职业。从商业角度看，这个领域一直处于萌芽阶段，市场不成熟，可以满足需求的产品有限，个人的从业机会就少得可怜。更何况，一个不断转行，没有在特定领域持续积累的人，在那几年，是会被很多人拒绝的。除了，一个资深 HR。

这个 HR 是我在一个生涯规划师的培训上认识的。培训中，我和她进行了一次两人组的咨询工具练习。练习结束后，她很认真地对我说："刚才的练习，我并没有站在咨询的角度做练习，我其实是从面试的角度来和你沟通的，甚至是在挑战你。现在，我知道，你一定会在这一行里一直做下去的。"就是这句话，让我有了更多的信心。她告诉我，看好我的，是我那份对于这个职业发自内心的热爱。后来，在做了大量咨询之后，我也发现，一个人内在的热爱激发出的能量比任何现成的资源都重要。

让我更加笃定的，还有一次提问。

当我因为找不到从业机会而困顿的时候，有一次去请教一位咨询领域的前辈，我问她："您觉得，我适合干这行吗？"她没有回答，反倒问了我一个问题："你为此做了些什么？"瞬间，我的眼前就浮现出我所做出的种种努力：参加培训，阅读大量专业书籍，持续地练习，不断地请教。她看着我，什么都没说。我想，我有答案了：我为自己的热爱已经全力以赴，我只需要继续做下去，而不需要在意别人的想法与评判。如果没有机会，那就创造一个。

前言

感恩这些贵人，在我的人生拐角，他们的鼓励和提问，照亮了我前方的路。

从此以后，我这么一个爱折腾的人，一头扎进生涯咨询领域，已经十几年了。这些年，我一个案例、一个案例地做下来，积累了超过三千小时的收费咨询时长，超过一百万字的咨询记录。虽然辛苦，但我认为这是一个生涯助人者成长的必经之路。在一个个正式的收费咨询中，我可以面对一个个真实的人，了解他们的情况，帮助他们或是走出人生的泥沼，或是找到心有所属的路径，或是寻觅可以歇脚的驿站。

来找我做咨询的人，有穿着得体的企业高管，也有学识渊博的学者专家；有蓬头垢面的颓废艺术家，也有斗志满满的超市搬运工；有在陌生城市打拼的年轻漂泊者，也有身处重重危机的中年人。他们每个人都有自己的故事，在这些故事里，我和他们一起寻找化解危机的钥匙，探寻摆脱职场困局的路径。陪伴他们成长和发展，正是我要修炼的功课。

在这些咨询中，我经常会去思考这样的问题：是什么原因，让一个有着丰富职场经验的人困在了机会里？是什么原因，让一个能力超强的人陷入迷茫？是什么原因，让一个年富力强的人找不到自己的热爱？又是什么原因，让一个前途光明的职场中坚自怨自艾？这些问题，既是一把把锁，锁住了他们的职业生涯，同时，也是一个个人生指示牌，为处于人生拐角的人，指引着方向。只是，人们总是读不出这块指示牌上的信息。

我所做的事情，就是帮助人们破译这块人生拐角处的指

XV

示牌。

或许，这块指示牌上写着生涯发展的规律，调整下节奏就能适应；或许，这块指示牌上写着破解关系难题的三条路径，碰巧最简单的那一条最不易被察觉；或许，这块指示牌上写着自我限制的五种模式，有一种模式正是打开那把锁的钥匙；或许……每一次咨询的过程，都是我和每位来询者一起解读指示牌的过程。咨询中，我是一个观察者，是一个倾听者，是一个觉察者，是一个提醒者，是一个呈现者。我帮助这些人拿到自己的答案，然后离开。

我知道，很多人需要我这样的"人生指示牌"破译者。

于是，我就开始培训咨询师。培训了一千多名咨询师之后，我又发现，如果能把这些咨询中的案例进行总结，提炼出一些规律，那就是一本破译指示牌底层规律的"密码本"了。如果再把这些底层规律演绎成故事呢？这个密码本的可读性就会变强，读懂的人就会更多。

这就是你面前的这本书。

这本书脱胎于《在人生拐角处》，那是我于 2015 年写成的第一本书，时光荏苒，已经过去了将近七年。今年本准备拿出来重新出版，可是我又读了一遍之后，有很多的不满意。职场问题没有变，但是写书的人变了。或许是经过了这几年，我对于生涯智慧有了更深的理解，或许是写过了几本书之后，我的文笔也变得更成熟。反正，我决定以原来的一些故事为蓝本，全部重新改写。这是一个艰难的决定，写过书的人都知道，全面改写的难度，远大于新写一本书。但我还是决定改写，从表面困惑到破解方案，从人物背景到情景细节，连主人公人名和故事分类，全部推倒重来。唯一没改的，是这个"人生拐角"的隐喻。读者喜欢，我也喜欢。

读者喜欢这本书，是因为这本书里的故事有我们每个人的影子。我喜欢这本书，是因为这本书传递着我的一个期待：希望每个人在自己的人生拐角都能找到下一步的指示牌。我更希望每个人都能和我一样，回头看，一路走来的每个人生拐角都是值得珍视的礼物。

感恩在人生拐角我遇到的每一个人，感恩在人生拐角遇到我的每一个人。

人生拐角，和你相遇。

赵昂

2022 年 4 月

目录

3 解锁心智模式　打开更多可能

人生经常被贪婪、焦虑、自卑、恐惧锁定，每一把锁后面，都有一种习以为常的心智模式，而钥匙，就在我们自己手里。

4 重写人生剧本　活出从容状态

我们以为的天经地义，不过是被一种人生剧本催眠了而已，如果不喜欢，你当然可以换一种。

5 升级自我认知　遇见更好自己

我们永远无法确定自己的样子，因为只要不断成长，就能遇见更好的自己。

1

探寻关键路径
化解棘手危机

　　每一种危机，都有很多种解决策略，不要陷入矛盾本身，而是跳出来，看到更多的可能。

职场跳跳鱼的突围

故事的主角名叫艾莉，一个 25 岁女孩，工作了两年，换过三份工作。助理和我说案例的时候，感慨道："现在的孩子越来越不着调啊，这么频繁跳槽，竟然说自己是认真的。"

"说说看，什么情况？"我好奇地问道。

"英语专业的，毕业之后做了半年的中学老师，就辞职去了英语培训机构，倒也算是专业对口。后来，这不是培训机构都转型了嘛，无奈之下，又回去做学校老师了，没到半年时间，她又去做房产中介了。您说这折腾啥呢？"

"认不认真是态度问题，从跳槽次数可是看不出来啊。"我笑着和助理说，"她来咨询的诉求是什么呢？"

"找到符合自身优势的新工作。"

"哦，找到优势。"我想，这又是一个希望通过"优势"来突围的人。

咨询时间到了，咨询室门口站着一个怯生生的女孩。

"赵昂老师。"那个女孩站在门口，像是守着一条边界线。

"你好，是艾莉吧？快请进。"我起身把她让了进来。

坐下以后，我主动提问："我看了你的咨询信息表，是希望通过咨询找到符合自身优势的工作吗？"

"嗯，是的。"然后，没话了。

"还有别的期待吗？"

"我就是希望找到自己的优势。"

"能不能具体说一说？"我继续引导她，希望听到更多信息。

"老师，您也看过我的简历了，像我这样换了好几份工作的人，是不是就不好求职呢？我还能有什么优势吗？"

"别着急，能不能先说说你换工作的原因？我看你之前的几份工作还都是英语教学，怎么最后这一份工作，转换到了房产中介呢？"我想先找到一个切入口。

"我就是想跳出原来的圈子。"听她说"原来的圈子"，我以为是教培圈子。等了一下，她又说："在我们那个小城市，感受不到工作的快乐，整天感觉很压抑，大会小会的烦琐事，想有一些创新也做不到。所以，我就又回到北京了。工作不好找，有朋友介绍了这个工作，说是先干着，其实，还有一个工作是保险代理，我没去，想着反正随时都可以做，就先等等看。"

"哦，你之前有在北京工作的经历是吧？"这个在信息表里没有写清楚。

"是的，培训机构的工作，就是在北京的。"艾莉停了一下，说，"我还是喜欢大城市。"

"那两段在学校做教师的工作，是怎么回事呢？"

"都是家里人安排的。他们就是希望我回到老家去，说是

'女孩子要有稳定一点的工作'。可是，稳定倒是稳定了，一点意思都没有，这不是我想要的生活。"艾莉显然有些不满。

"英语专业毕业做英语老师，和做房产中介相比，倒更像是专业对口呢。"我慢慢梳理她的选择逻辑。

"家人也这么说。可是，老师，你不知道，我并不喜欢几十年千篇一律的生活，那和一个机器人也没什么区别。原来在培训机构教英语，还总要想着有所创新，不管主动被动，都要多学习一些东西。"艾莉一下把自己换工作的原因都说了出来，显然，她和家人是做了一番抗争的。

我在记录纸上记下：成长、自由，这是她追求的职业状态。和很多年轻人一样，初入职场，有着旺盛的精力、满满的热情，急于找到合适的平台展示自己，希望能够独立。然而，他们又总会面对这样的现实：因为缺乏职场的历练，没有足够的经验，不知道该如何选择，于是，就会受到各种挫折和打击。

"那你重新回到北京，看上去似乎实现了愿望。你又如何看待目前的工作呢？"来做咨询，肯定是有所期待，我希望能帮她把期待呈现得清晰些。

"这份工作只是临时过渡，我已经感觉它不适合我了。"

"嗯？具体说一说。"

"我需要一份工作生存下来，但又不知道自己可以做什么。像这样，每天到处跑，搜信息，做销售，似乎并不适合我啊。之前做过教培，现在行业整体转型，我可以做些什么呢？"艾莉显然做过调研，继续说道，"我有些朋友做自媒体，有些做销售，有些回到了体制内，还有些考公务员去了。"

"我就是特别迷茫啊，好像什么都能干，又好像什么都不在行，都需要从头学起。"艾莉解释说，"我倒不是怕从头开始，只是，不能再浪费时间了，我都快三十了，如果这个干两年，那个干两年，最后什么都不精，怎么办呢？"看来，她的时间紧迫感很强烈。

"为什么会觉得目前的工作不适合你呢？"对于职场新人来说，一方面急于建立一种独立的存在感，迫切需要一个体现自我价值的位置，另一方面却是对于职场缺乏了解，对于可以交换的价值心里没谱，两边夹击，就会既迷茫，又焦虑。此时，摸清楚他们已有的经验，就特别重要。

艾莉接着说出了自己之前的经历。原来，在不长的几段职场经历中，都会出现一些人际关系的摩擦，不是因为"说话太直"得罪了领导，就是因为"不善表达"和同事有了误会。后来，艾莉就给自己做总结：我还是做专业人士比较好，这样就能少和别人打交道，一切都靠专业来说话。可是，"专业人士"哪有那么好做的？什么职业可以很专业呢？销售性质的工作好像不算，艾莉首先想到的是学历，要不要再继续读研究生，提高学历？

这是职场新人容易走入的一个误区。之所以会在人际关系上出现危机，那是因为，从一个学生到一个职场人，面对这样一个重要的生涯角色转变，他们还没有做好处理复杂人际关系的准备。之前只是同学、老师、父母、朋友的简单关系，进入职场

5

了，即便在一个相对封闭和单一的工作岗位，也要和不同年龄、不同身份、不同地位的人打交道。角色不同了，关系复杂了，基本的待人处事就够一个职场新人学一阵子的。何况，有不少人从小被父母过度保护，缺乏对于人际关系的认识，于是，一进职场，就受到劈头盖脸的打击。

逃避，是很多职场新人的选择，为此，才会出现一些"社恐""宅人"，其实他们也不是真的愿意宅起来，而是没有在交往中得到滋养，就退回到了自己的小空间。一旦影响到了职业选择，有些人就会以为，"自己是不是内向，不适合与人打交道呢？我要不要选择专业性强的工作呢？"

听完了艾莉的描述，我大概清楚了，在她面前展开一张白纸，把刚才听到的信息重新做一个梳理：

"艾莉，你看，你想要更多的成长，更大的自由空间，想要更多的成就感。这是你选择来北京找工作的原因。与此同时，你感觉自己的选项有限，又受制于一些能力的不足，比如与人交往的能力。于是，你就感觉自己陷入了困境，希望可以尽快突围。而此时，你所能想到的方法就是借助于'优势'。"

我一边在白纸上写写画画，一边观察艾莉的表情。艾莉点着头，眉头紧锁，说："赵老师，确实就是这样的情况，那我该如何'突围'呢？"

"先说说造成这种困境的原因吧。"我直截了当地告诉她，"从某种程度上讲，你的困境就是你自己幻想出来的。"听了这话，艾莉一脸惊愕。我继续说道：

"对于一个职场新人来说，职业能力不足，这是现状，也很正常，这需要花时间、做事情，能力才能积累起来。人际交往能力不强，也很正常，因为你正处于一个生涯角色转换的阶段，还没有适应多角色的状态。你找不到太多让自己满意的选项，也很正常，一方面，由于你的视野太窄，见过的职业比较少，更重要的是，即便我现在告诉你一些职业选项，因为从未接触过，你心里也没底。"

"你正处于一个职场新人的探索期，需要快速成长。这么说吧，你想要追求成就感，于是想到了要成长，这是对的。但你想要找到优势，甚至幻想着通过优势获得成就感，可能就走错了路。因为多数优势都是需要在做出一个个成绩的基础上，才能显现出来的，而不是，像算命一样算出来一个优势，预言自己凭借这个一定能成功。这是导致你陷入困境的重要原因。"

艾莉似乎听懂了，又似乎更迷茫了。她像是被霜打的茄子，喃喃地说："难道，我就没有优势了吗？"

看得出来，艾莉满怀希望要追求的东西，似乎一下消失了，肯定有失落感，但她不知道的是，她已经拥有的东西更宝贵。

"你的优势太明显了，明显到你都习以为常，从不关注。"听我这么说，艾莉又一次惊愕了。"是的，你看，你年轻，有追求积极向上的动力，愿意自我改变，这就是你最大的优势啊。"艾莉更迷惑了，眼睛似乎在说："这算什么优势啊？"

我笑了笑，耐心地继续说："有三种认知，是你作为职场新人需要首先建立起来的。"我展开了刚才给艾莉做的记录，一边圈，一边讲……

"第一，你要知道，优势不是凭空产生的，是基于过去的经验积累，准确说，是基于过去的成绩积累出来的。这一步，谁都绕不过去。你得先放下对于"凭空挖出来一个优势"的执着，然后在具体的工作中做出成绩，然后才能在其中找出优势，也才能让你的客户或者老板相信你。

"第二，你要知道，你永远不会选择一份超出你视野范围的职业。不要期待一个'高人'指点给你说，某职业肯定适合你。即便一个职业真的有发展前景，即便你或许真的能做好，那最好的起点，也是现在开始去了解，将来再选择。所以，最靠谱的选择是，从你能接触到的，有了解的，能做得来的职业中选择合适的，先开始。

"第三，你还要知道，作为职场新人，你所处的正是一个生涯发展中最艰难，也是最具成长价值的阶段。说是最艰难，是因为你缺能力、缺视野、缺信息、缺人脉，但与此同时，这正是你可以扎根下来做积累的阶段。十年后，你所能取得的成就，一定和现在的积累密切相关。"

我知道，这三点讲起来还是抽象，听上去有点像"鸡汤"。于是又补充道："我们说一些具体策略吧，这也是留给你的作业。"艾莉用力点了点头。

"首先，你要去找人做访谈。去找那些你能接触到的，在某一个领域做得非常好的职场人进行深入访谈。这里面有一个重要标准，就是什么是'做得好'，一定不只是自己说好，而是有成果，别人都能看得到。和他们做访谈，你一定会开阔视野，深入了解一个职业。记得问他们三个问题：做出现在的成绩，你认为，最关键的原因是什么？这个职业带给你最大的价值是什么？你认为这个职业的缺点（需要提醒的地方）是什么？

"我相信，访谈超过 20 个人后，你一定有惊喜。

"其次，你要每天记录成就日记。每晚必须打开笔记本，回顾一天中最有成就感的事情，记下来，分成三部分进行梳理：这件事的发生过程，为何使你有成就感，体现你价值的原因。必须每天记，即便当天你发现并没有什么使自己有成就感的事情，也要打开笔记本，想一想，第二天准备如何创造成就感。

"持续做这件事，就是在持续积累你的优势。

"最后一件事，三个月更新一次简历。一定要很用心地更新，更新简历不一定就代表着你准备找新工作了，而是通过定期更新简历去发现：自己已经积累了什么价值，自己还有些什么不足，该向哪个方向努力。"

听完这三件事，我看到艾莉的眼睛放光了。我叮嘱她："一定要记得，这三个作业做一段时间后，再来找我。"

对一个职场新人而言，进入职场的前三年都是一个适应期，像是一个处于断奶期的孩子，离开了妈妈的怀抱，添加了不熟悉的辅食，内心充满焦虑，步履蹒跚。他们想要一个答案，可以让自己坚定地努力。咨询师要做的，不是给一个答案，而是帮他们一起找到可以坚定的力量。在断奶期，断奶不是目的，更好地成长才是目的。

一个月之后，艾莉欣喜地发来信息："赵老师，没想到，我访谈过的一个人邀请我去他们公司上班，是一家互联网公司，去做产品经理。这是我想都没想过的啊！"我回复她："别着急决策，这是在访谈过程中一定会出现的概率事件，继续做作业，三个月之后再决策。"

半年过去了，艾莉再次出现在我咨询室的时候，像是变了一个人，衣着时尚得体，满面荣光。她是来和我报告好消息的：她已经成功入职一家互联网教育公司，做产品研发。

【拐角看见】

进入一个新领域，转入一个新阶段，我们都会有一个适应期。因为环境不熟悉，因为工作没做过，我们会感到不知所措，会感到失落，会感到挫败。此时，不要想着逃开，也不要期待奇迹出现，而是要告诉自己："我只是刚刚起步，我需要一个阶段去提升能力，适应新阶段，调整好新角色。"

提升信心，提升能力，是增加内在资源。获取信息，丰富人脉，是增加外部资源。资源积累足够了，自然就摆脱了困境。与此同时，不要忘记，摆脱困境不是目的，问问自己："这个阶段获得的成长是什么？我可以积累些什么成就为下一个阶段做准备？"

谁还不是身处职场江湖

　　有些心理咨询师转做生涯咨询的原因，是他们觉得生涯咨询的客户和心理咨询的客户相比，情绪和状态比较稳定，一般不会有让人特别担心的事情发生，也就不会那么棘手。其实，生涯咨询的客户所遇到的困惑是另外一种棘手，他们要面对的职场江湖并不太平。

　　一般来说，三十岁左右的女性来做生涯咨询时都免不了涉及家庭与事业的平衡问题，结婚生子、重返职场……可是苏晴的情况却不一样，看到她在表格中填写的信息就知道，这是个女汉子。法律科班出身，名校硕士，进入外企法务部门工作，不到十年，做到了中国区的法务总监。咨询诉求中写着：分析离职利弊，规划未来方向。

　　"为什么想要离职呢？"咨询一开始，我就从这个关键节点问起。

　　"人际关系。"叹了口气，苏晴接着说，"这是个很狗血的故事，不过，就是被我碰上了。"苏晴习惯性地要打开小包取东西，"能抽烟吗？"旋即又说，"算了，不好意思。我感觉自己被逼得没有了退路，每天去公司成了一种痛苦。"

"喝茶吗？"看到苏晴点头，我起身泡了一壶茶，倒了一杯放到她面前，"这是岩茶肉桂。别着急，慢慢说。"

苏晴的人际关系和一个人有关。三年前，公司有一起知识产权法律纠纷，苏晴全权负责，因为她的出色表现，得到了总部老板的赏识。加上当时公司法务部门人手短缺，苏晴的专业才能得以展现，好几个项目做得都不错。于是，一年时间内连升两级，直接负责起了中国区的法务工作。这是一段让苏晴特别有成就感的经历。

"老话讲，福祸相依，真是没错。"苏晴感叹道。只有坐到了法务负责人的位置，苏晴才感觉到高处不胜寒。在之前，她一心关注工作，关注专业度，可是她没有发现，自己火箭一样的晋升速度早已经引起了别人的不满。她听到过这样的议论："凭什么她上得那么快？""经验够了吗？还不是运气好？""是不是有什么门路啊？"仅仅议论还不算什么，她早已成了一些同事攻击的靶子。

因为晋升速度快，之前的一些同事，甚至是上司，都成了自己的下属，挡了一些人的职业晋升路径，于是苏晴就成了这些人的假想敌。偏偏人际交往、职场政治还是苏晴的短板，一时间，工作不配合、同事质疑、设置障碍，种种打击让苏晴备受挫折。

特别是之前的一个上司，本来他是公司内部热议的法务总监人选，现在苏晴上去了，这个同事就被安排负责知识产权事务部。虽然也是同级，但就像让一辆早已志在终点的赛车突然转弯了一样，苏晴也知道，他心理肯定不爽。虽然这不是自己的责任，但他毕竟曾是自己的上司，苏晴尝试过示好，却被冷冰冰地拒绝，还被认为是别有用心。从此以后，本来应该合作密切的两个部门，展开了冷战。处处掉坑，无辜躺枪，苏晴感受到了职场上的森森寒意。

"这是你想要辞职的原因？"

"我真的不想干了！"苏晴说得既愤怒，又无奈，"不合作也就罢了，还处处给我下绊子，在老板面前说我的坏话。之前，老板不会相信我不行，现在，连我都开始怀疑自己的能力了。你说，这么做下去，还有什么意思呢？"

"那么，让你犹豫，不想辞职的原因，又是什么呢？"苏晴没想到，这个问题来得这么突然。

"原因很多了，感情上难以割舍是一个重要原因，想想看，在这里，我打拼过，赢过，成长过，我怎能割舍得下？"苏晴把目光又投向远方，"而且，客观地分析，现在应该是我发展得最好的一个阶段，如果我能在法务总监的位置上再做三五年，不仅能够积累足够的专业经验，而且具备了看待事物的整体格局，到那时候，选择就多了。"

看来，苏晴并不想离开，事情可能也就没有那么糟糕。眼下的麻烦，就聚焦在了一个点上：如何摆脱人际关系的困扰。

我想到了一个比喻："如果你是一辆身处赛车场的车，你希望自己是一辆什么车？"

"可是，我并不是身处赛车场啊。现在周围是一些不守规矩的车，不断超车，还别我的车，我提不起速度。我倒真的是希望自己能够驰骋在赛车场上，或者，我干脆驾驶一架飞机岂不更好，规定航向，谁也不会干扰谁。"看来，苏晴还是会把自己发展受阻的原因归结于环境。

"那如果此时你就是在公路上呢，还不是一条高速公路，而是一条县道省道，有过往的拖拉机，大卡车，还有飞驰的高级轿车？"我又问。

"那还能怎么办？开慢一点呗。"苏晴摊了摊手说，"不过，我们公司也没那么糟糕，整体素质还是挺高的，只是个别人……不然，我早就走了。"

"那你说呢，如果对于你所处的环境，可以有一个比喻的话，会是什么？"这次我把主动权交给了她。

想了好一会儿，苏晴说："我这会儿应该在高速公路的休息区。"这个比喻有意思，我饶有兴趣地看着她。"之前一路狂奔，我的马力十足。倒不是我非要争第一，而是时势造英雄，不跑起来，也对不起这么好的高速公路啊。可是现在呢，进了休息区，好像道路规则一下都失灵了，局面混乱，有人看我跑得快，就不想让我再次上路，加不上油，停不了车，还开不走。"苏晴一口气说了好多。

"这个比喻有意思。所以，你想要辞职，也只是想尽快驶离这个混乱的休息区吧？"我帮她连接现实。

"是的是的，如果不是这样混乱，我是不会走的。"苏晴连连点头。

"那我们看看，你是怎么来到休息区的？"

"油不足了。"忽然，苏晴像是明白了什么，"哦，对了，我有点明白了，虽然别人总对我的软肋发起攻击，可这也说明，我毕竟是有软肋的。比如，不熟悉新老板的工作方式，对有些新的业务方向没经验，各部门之间协调我也很少做过。"

"其他人对你的评价只是放大了你的弱点，进到你的耳朵里，就像巨大的噪声。实际上，正是因为你心怀芥蒂，才会被这些噪声所影响。所以，你来休息区，是为了加油来的。"我再一次提醒她。

"是的，我是加油来的。我职位晋升，但能力不足，需要尽快提升。"苏晴似乎看到了迷雾中的方向。

"可是，你身处一片混乱的休息区，该怎么做呢？"我提出一个新问题。

"离开？不行。加油？有点难。我得想办法回到高速公路上去。"显然，苏晴在快速地思考，"嗯嗯，或许，我该保持低调，不要让别人关注我，给自己减少麻烦，然后想办法去加油，真不行了，去找管理员。"

"对应到工作中，具体怎么做呢？"

"尽量不把同事的议论和指责当回事，不能事事计较，多数人的看法也都还是有原因的。我越是保持低调，不是一出现反对声音就立刻回应，或许，反对声音就会少一些。我看到的混乱，也可能是我的心烦意乱造成的。"苏晴很善于自我反思。

"在你的内心中，如果可以正面评价自己，或许就可以更善意地理解别人了。你一直都很棒，现在只是没油了。对了，怎么加油呢？"

"我需要针对自己的短板制订一个提升计划，业余时间要抓起来，专业方面我很清楚，升到这个位置上来，确实有些业务还不熟悉，我不能着急，也不能停止。至于人际关系，部门间的合作，就更不能着急了，我和大家还处于磨合期，这个阶段是省不了的。"苏晴像是已经有了计划。

"你得相信你的老板，他把你提升到现在这个位置，一定有他的道理。即便现在不合格，他愿意给你时间成长，你也要给自己时间。对了，老板就是休息区的'管理员'吧？"

"是的，我和你说过的之前那个同事，确实是一个大干扰，也正是因为他，我才变得心烦意乱的。我需要找到合适的时机，和老板沟通一下，争取更多的理解和支持。"苏晴讲了自己的第三个策略。

"和老板沟通的时候，要站在老板的角度考虑问题，他肯定是不希望有麻烦出现的，同时，他又期待公司能够有好的发展。你需要把你对于公司发展做出的努力讲出来，请他给你支持。"我给了苏晴一点建议。

"这么看来，也没有那么艰难了。和一个复杂的法律案子比，难度也差不多。"看来，苏晴有信心了。

"说到法律案子，你有没有发现这次遇到的职场危机，和你处理的法律业务有什么区别？"我想帮苏晴进一步思考。

"如果说区别啊，一个是有准备，一个是没准备。法律业务再难，也会有预期，大不了找专家请教，再不济就接受失败的结果。而面对职场危机，之前没有概念，自己一下子就慌了。"苏晴的分析非常精准。

"现在呢，有规划了吧？"我最后推了她一把。

"嗯嗯，谢谢赵老师，我觉得自己可以搞定了。"

被生活中各种困难打得毫无招架之力的时候，不要疲于接招。摆脱困扰的方式，不是和它纠缠在一起，而是重新审视自己的方向，迅速调整，尽快离开。

几天后，我接到苏晴的反馈：已经和老板做了沟通，原来，老板早就知道她的处境，只是希望看到她自己能走出来。

"多亏没有辞职啊。"手机那边，我听到了苏晴如释重负的笑声。

【拐角看见】

> 职场是一个江湖，初涉江湖的人总是会听到各种关于江湖的传说。于是，有些人还没经过体验和努力，就开始肆意揣测。人与人之间，逐渐形成了一堵堵墙，人们宁可走迷宫，也不愿意透过墙看看彼此。这正是处理人际关系的难点：双方各自"恶意"揣测，把对方列为"假想敌"，从一件小事开始，建立自己的壁垒。如果大家都陷入这样的模式中，那就不会有赢家。
>
> 解决方法是：评估关系的实质利益点，以开放合作的心态

主动沟通，在大家的一致点上建立共识，在存疑点上搁置，在不同点上我行我素，快速通过。足够开放，你就足够强大。在不知道的事情上选择善意理解，或许会让我们更有动力。

职场远没有那么冷漠与险恶，我们也不必少年老成。

每一位职场妈妈都是生活艺术家

预约的咨询时间到了，我做好了准备，倒了一杯茶，铺开几张记录纸。

客户如约而至，落座。

很多来询者第一次做咨询时，都会有一些紧张和忐忑，于是，我往往会先说话："肖洁，你好。"

"赵老师好。"打完招呼，肖洁并没有其他客户的那种拘谨，而是竹筒倒豆子一般，自顾自地讲了起来："赵老师，我的信息您都了解了吧？我来找您做咨询，就是想请您帮我看看，我是不是要离开职场，做全职妈妈？"

肖洁的信息我看过了，写得非常详细，连一些心理活动也都描述了出来。

肖洁，30岁，大学毕业之后，一直在一家快消品公司做销售，工作能力很强，八年时间，每年都会有几个月做到销冠。职业发展得好，经济状况也不错，所以结婚之后没多久，她就决定生孩子。

现在，孩子刚出生三个月，始料不及的是，随着孩子的出生，各种矛盾也出现了。肖洁一直是职场上的"拼命三郎"，直

19

到临产的前一天才开始休息，孩子刚满月，她又准备去上班。想要请保姆看孩子，不太放心，婆婆来帮忙，却因为各种习惯不一样，总有各种小矛盾。老公希望肖洁能安心在家里待几年，好好养育孩子，这让肖洁有些压力，也有些动摇。

"那就说说你现在的状态吧。"我说道。

"我已经开始上班了，但是和生孩子前的工作状态大不一样。"肖洁的声音有些焦虑，"每天都会想着孩子的事，想着要回去喂孩子，担心婆婆对孩子的照顾不科学，搞得我心烦意乱。偏偏这个时候，客户那边又出现了一些状况，对账、催款，这些平时我都可以轻松搞定的事，现在也感觉应付不过来了。虽然我的工作时间可以很灵活，但现实往往是工作生活不分家，即便在家休息，电话也不能闲着。我老公很有意见。"

"所以，你有考虑过，是不是辞了职，做全职妈妈？"我回到了她最开始的问题。

"也是，也不是。"肖洁有些犹豫地说，"其实，我有几个方面的考虑。"接下来，肖洁很详细地讲起了自己的想法……

在一个岗位上做了八年，顺风顺水的同时，肖洁也产生了厌倦。虽说是这份工作给自己带来了不错的经济回报，但是，肖洁的内心也有一丝隐隐的担忧。她说："将来怎么办？要一直这么做下去吗？行业有变化了，怎么办？我做不动了，怎么办？"这才是肖洁内心真正焦虑的事情。

然而，一旦辞职，经济方面倒还好，可是整天面对奶瓶、尿不湿……面对家里各种可能的小摩擦，从职场上的忙忙碌碌，到家庭里的婆婆妈妈，肖洁又特别担心自己接受不了这样的转换。"会不会在家里没有了地位？脱离职场，状态会不会更糟糕呢？"

于是，肖洁来寻求我的帮助："赵老师，你能不能帮我找到这样一种职业选项，未来能够持续发展，既能摆脱原有职业的倦怠，又能给当下的状态找到一种意义，做到一种平衡？"

"我听出来了，"我帮肖洁总结道，"你有两种纠结。其一，不想放弃原有的职业，其实是不想放弃职业给你带来的价值感，但是又对原有工作有所厌倦。其二，你不想放弃对孩子的照顾，其实是不想放弃你对于孩子养育的一些理念，但是担心全职妈妈会让自己丧失价值。于是，你就想要寻求一种新的可能，既可以满足职业发展的延续性，又能照顾到孩子。"

肖洁频频点头："是的是的，赵老师，我最近总会收到一些信息推荐，比如家庭教育指导师培训啊，心理咨询师啊……这些职业是否适合我呢？"

"别着急，是否适合你，不能确定。但是可以确定的是，肯定不存在这么一个选项，能让你眼前的纠结一下子就烟消云散。"看着肖洁心急火燎的状态，我需要先帮她降降温，"如果存在这么一个选项，你肯定也不需要来找我了。"

肖洁长舒一口气，松坐在椅子上，喃喃地说："那怎么办呢？"

"来，我们从长计议，"我在她面前的白纸上画出一个圆，分成了三个等份，然后解释道，"我们的生涯规划中有三个重要的部分：自我的部分，职业的部分，关系的部分。自我的部分，包括身体健康、内在心灵成长、兴趣爱好的发展等。职业的部分，主要是通过工作带来的物质收入、成就感等。关系的部分，可以包括夫妻关系、与父母的关系、与孩子的关系等。"

我看了看肖洁，看她似乎听明白了，我继续说："我们的生涯发展就是希望通过努力，让我们自己的这个圆越来越圆满。只是，"我顿了一下，说，"因为我们每个人都受制于时间、精力、金钱、知识等限制，很难在四面出击的同时照顾到方方面面。比如说，现在的你，就很难做到既照顾好孩子，又能把职业发展好，还能拓展自己的未来事业。"

"不一定吧，赵老师，我看一些公众号文章里，有很多牛人都是各方面都做得很好的。"肖洁显然是被一些故事影响了。

"肯定有一些人在很多方面都做得很好，但是我们要看到的不仅仅是最后的结果，还有之前的过程，比如他们经过了长时间的努力，积累了大量的资源和成果。再比如，在有些方面他们做出的牺牲，是其他人看不到的。"

"这倒是。"肖洁回归了理性，"这么说，我的愿望实现不了了？"

"我们看过程，刚才我们说到，生涯发展是一个逐渐圆满的过程。受资源所限，我们在某一个阶段里，可能需要选择最重要的部分来发展。过一段时间后，我们再调整重心。发展是一个保持平衡的过程，就像走钢丝，只有重心稳定，才能保持平衡，才能继续向前。"

我指了指白纸上的图，问肖洁："在现阶段，你会选择哪个部分作为重心呢？"看到肖洁陷入了沉思，我补充了一句："你可以把时间划分得再具体一些，把这三个部分再细化一些。"

听了这话，肖洁开始在白纸上写写画画了。我看到，她在职业的部分写上了：收入、成就、探索未来职业。在关系部分写上了：照顾孩子、夫妻关系、家庭和谐。在自我成长方面写上了：烹饪、画画、瑜伽。然后，在"收入""照顾孩子"上面画了钩。看来，她找到了自己的重心。

放下笔，看着面前的这张纸，肖洁说："如果能抓住这两个重心，或许我也就不那么焦虑了。我得先保证收入，这是保证我价值的方式，也是让我能够安心的方式。同时，照顾好孩子，这样我就不会有愧疚感。"

"看得出来，你放下了一些。如果把关注点都放在这两个重点上，你会如何做，才能保证它们如你所愿呢？"我知道，虽说做了取舍，可是肖洁可能不见得会心甘情愿地转移重心，这样的结果，往往是两头不能兼顾。我需要进一步推动她。

"我知道，要想把这两个方面发展好，不是一件容易的事，我的精力确实有限。"看起来，肖洁非常清楚自己的状况，"我准备向公司申请，配备一个助理，哪怕从我的业绩中分出提成给助理都行。不能什么事都由我来做，我只负责最关键客户的维护，关键节点的把握。这样一来，虽然看似我需要分收入出去，但是效率一定会大大提升，也是很值得的。"

"还有，我得回去和我老公商量，不再让婆婆帮我们看孩子了，我要请一个合适的保姆。表面上花了钱，实际上，减少了很多不必要的摩擦。这样，保证了我的养育理念能够实践，我也就少了后顾之忧。"肖洁的这两个策略确实很有效。

"那么，如果这两个重心得到保障了，接下来呢？下一个阶段，你准备从何时开始？重心又会做怎样的调整？"我知道，肖洁的期待肯定不会止步于暂时的风平浪静，她对于未来的期待需要在下一个阶段得到满足。

"我想过了，辞职，做全职妈妈，是我能接受的最坏结果。现在，如果可以兼顾目前职业收入的话，所获得的收入完全是可以灵活使用的资源。除去请助理、请保姆的费用，剩下的费用，我还可以拿出来一部分用于业余时间充电，提升自己。等一两个月之后，工作和家庭都稳定了，我就可以开始转移重心，进行新职业的探索了。"肖洁信心满满。

"新职业探索的部分，你有什么打算吗？"我知道这部分是肖洁的一个疑惑，必须在咨询中帮她排解。

"我喜欢心理学，也对家庭教育感兴趣，正好自己的孩子出生，可以和孩子一起成长。我准备接下来开始学习家庭教育，学习心理学，说不定可以成为我的未来职业。"说这话的时候，肖洁并没有底气。只是，在消除了焦虑之后，她可以暂时不把这个计划太当回事了。

"你的这个想法很好，学习如何教育孩子也非常必要。只是，在把它作为未来事业之前，你需要一个探索阶段。"

"探索阶段？"肖洁有点诧异。

"是的。"我从夹子里拿出一个职业探索清单，"你来看看，这份清单里的问题你是不是都清楚了？"

肖洁看向了那份清单：

1. 这个领域将来的发展如何？会有什么样的市场需求？目标客户会是谁？单笔业务的消费额度会有多大？

2. 这一领域的主要职业都有什么？各自有什么样的进入要求和发展要求？

3. 做到比较不错的程度大概是怎么样的？

4. 这一领域的最大尴尬和困难是什么？

5. 这一领域的回报和价值有哪些？

6. 当地开展的可能性和市场前景如何？

"哇，这些问题，我还真的都没有认真想过呢。"肖洁又有些疑惑地抬起头问我："赵老师，是不是一定要先把这些问题搞清楚了，才能开始投入学习呢？"

"那倒不一定，也可以一边学习，一边了解。但有一点是肯定的，在搞清楚这些问题之前，你很难给自己的未来职业有一个确定的定位。"我知道肖洁想问什么，笑了笑说，"学习的目的，如果只是为了自己用，那就简单很多，但是如果想要通过学习来进入一个职业，那就要慎重了。当我们对一个陌生领域不是真正清楚的时候，很容易被一些虚假信息影响，特别是一些以营销为目的的信息，可能会过分夸大一个职业或者工作的价值。如果不小心被诱惑了，损失的可不仅仅是金钱，更重要的是已经付出的时间就再也回不来了。"

"您这么一说，我就明白了，毕竟是做销售的，各类广告看得多了……"肖洁扬了扬手中的职业探索清单，"这份清单就是法宝啊，我要好好做功课。"

这下，肖洁安心了。

半年之后，正逢新年，我收到肖洁的拜年信息："赵老师，感谢您今年给我做的咨询，我现在开始尝试创业了。虽然最初的想法没有继续，但我更加从容了，也感觉更加接近自己的内心了。"

真为她高兴！

【拐角看见】

对新手妈妈来说，因为生涯角色的增加，一定增加了很多的工作，这时候，要么没有梦想，要么梦想显得非常遥远。于是，有人选择了逃避，有人选择了接纳，有人选择了死磕。其实，越是复杂，越是要突出重点，需要做减法。越是担心，越是需要用行动来面对。

职业与生活的平衡要注意三点：找到不同阶段的重心；明确每个重心的方向；发现不同重心之间的关系。平衡不是平均用力，是懂得阶段性取舍，明确自己的方向选择，才能有效地整合资源，成为生活的艺术家。

每一位职场妈妈都是生活艺术家。

逃跑的人力资源总监

"我来找您咨询，就是想看看作为一个 HRD（人力资源总监）该如何转型？"程馨一脸愁容地坐在我面前。

一般来说，在职场上做到了 HRD 的位置，对于职业发展的诸多路径应该是已经了然于心，遇到的难处，也一定是让自己难于取舍的纠结。"那你先说说看，你对转型的期待是什么？"我想从其对未来期待的角度帮程馨把纠结呈现出来。

"像我这样的年纪，如果离职了，还有什么选择呢？"程馨答非所问地提了一个问题。然后，不等我回答，又焦虑地说出了自己的选项，"您看我做教练合适不合适？或者做培训师呢？"

"这些都是不错的选项，但是，是否适合你，就要看你的具体情况了。能不能先说说你目前的职业状况呢？"我知道程馨有外企的职业背景，才 34 岁就做到了 HRD，按说，原有的职业发展并没有触到天花板。那么，想要转型到另外一个职业，肯定是有原因的。

"实不相瞒，我已经提出离职了。"说完这句话，程馨像是松了一口气。我反倒更好奇了：一个 HRD，在未来方向并不明朗的情况下，就提出辞职，这对于一个人力资源老手来说，不应该啊。

"哦？那你原本对离职之后的发展是如何规划的呢？"我想，她该是有答案的。

"我也不清楚，据我了解，做教练或者培训师，都是自由职业居多，我不知道现在的时机是否成熟。可是，如果跳槽呢，我估计就得降职应聘了。"看来，程馨自己也还没有成熟的计划。

"那你为什么这么着急离职呢？"我想，这是个关键问题。

程馨往后坐了坐，靠在了椅背上，叹了一口气，说："唉，一言难尽。"

在HRD的位置上，程馨才做了半年时间。之前，作为培训经理，她同时负责企业的员工关系工作，还做过招聘，业务能力强，工作作风干练，深得前任HRD的赏识。因为工作调任，前任HRD离开的时候，把程馨推荐到了HRD的位置。

"我之前没觉得工作有什么难做的，因为外企的工作流程都很规范，我只需要按部就班就好，遇到一些时间紧、任务重的情况，加加班就都能搞定。但是升职以后呢，状况和想象的完全不一样，只有原来熟悉的那部分工作还能搞定，其他工作，比如薪酬绩效，都来找我做决策，我一下子应付不过来，搞得特别辛苦。偏偏在工作沟通上还总出问题，不是不明白老板的意图，就是工作布置不到位。半年下来，让我感觉特别受挫。"

"该怎么和老板相处呢？我要受到双线管理，特别是外籍老板，总感觉他的印象里处处都是前任HRD的影子，我怎么做都不能让他满意。"程馨有些沮丧，一股脑把自己的不满都说出来了，"还有同事，之前是同级的关系，现在我升职了，他们肯定有不满情绪。表面上是向我汇报，实际上是刁难我，明知道有些是我不擅长的业务，还都让我来拍板，还不是想累死我啊？"

"所以，你就想要逃跑？"我的问题，让程馨愣住了。

"逃跑？不是啊……我觉得，我应该换一个更能发挥自己价值的工作。还有，这样的事情迟早要碰到，我得为自己四十岁之后早做打算。"程馨否认道。

"半年前，当你接到升职消息的时候，你是怎么想的呢？"我知道，程馨的职业发展遇到了一个需要升级能力的坎，她此时的状况是不适应的表现，我需要带她重新审视这个坎。

"那时候还是挺高兴的，毕竟，自己多年的工作得到了认可，我这样的年龄做到这个位置，也还算是同事中的佼佼者。"程馨不由得嘴角上扬，"当时，我还给自己定了一个十年的规划，准备大干一场，要成为一个非常专业的人力资源管理者。但是，也不知道为什么，状况越来越糟糕，我想，可能是环境问题，或许换一个职业环境就好了。"

"在这家企业，你工作了多久？"我问她。

"5 年。"程馨似乎意识到了什么，"或许还是能力不足吧，之前很多决策的工作没有做过。但是，人际关系也是一个大问题，我感觉要面对的问题比我的前任还要多。"

我看着程馨，说："我想到了管理学中的'彼得原理'——在一个等级制度中，每个员工都趋向于上升到他所不能胜任的地位。"

听我这么说，程馨的表情变得很复杂，双臂抱了起来，一只手托住下巴，眼睛看向地面。停了好一会儿，她说："或许是吧，或许我还不称职，还不能胜任这个职位。"她顿了顿，又说，"可是，我又有什么办法呢？被前任推荐到这个位置，我还能不做吗？"

"你说自己'不能胜任'，指的是哪方面呢？"我没容她抱怨，继续问她。

"有些业务板块不够熟练，人际关系处理能力不足，特别是和上司打交道的能力，之前没有这方面的经验，在领导下属方面，也让我有些措手不及。"程馨的语气缓和了一些，慢慢闭上了眼睛，似乎在思考平时的不足。

我把程馨说过的话都一一记录了下来。"你讲的这些方面，如果花时间进行针对性的提升，你估计大概需要多久？"程馨睁开眼睛，看着纸上的记录，心里盘算着，手指着，一项一项地说："业务情况需要花半年来熟悉，我也需要调整自己的状态，让老板熟悉我的工作方式，用一年时间来磨合。至于领导下属方面，如果前两项都做好了，估计也不是太大问题了。我们之间的关系很微妙的，老板认可了，业务捋顺了，可能也就没什么问题了。"

"嗯，你看，你大概需要一年时间去适应新职位，现在才刚刚过去半年。"我看到了程馨眼睛里闪过的一丝亮光，"因为时间仓促，你一下晋升到了一个以现在的能力不能胜任的职位上。接下来，你至少有两个选择。一个选择是，退回到现有能力可以胜任的职位上去。另一个选择是，接受挑战，快速提升能力，胜任新职位。但是，如果你想要转型的话，这样的选择不仅是逃跑，还要接受新挑战，不管是培训师还是教练，都是你之前没有做过的，你需要花更多的时间去准备。你会怎么选呢？"程馨是个聪明人，我把这三个选项摆出来就够了。

"我想，我还是应该接受挑战的。"程馨的眼睛闪烁了一下，"那你刚才说的'彼得原理'，我是不是真的不胜任呢？我就想搞清楚一点，是不是自由职业者更适合我？如果是的话，我宁可现在花时间多做准备，倒是一劳永逸了。"

我很理解"职场逃跑者"的处境，对于他们来说，现实的困难是更真实的感受，在困难面前，那个想象出来的选项会被赋予更多美好的期待，"一劳永逸""天赋所在""持续终老"，都是他们逃到幻想中的理由。此时，他们会忽略可能的机会，而放大现实的困难。

"目前来看，你确实不胜任现在的工作。就像你也不能立刻胜任培训师或教练一样。问题是，你是否有把握投入自己的时间、精力等资源把自己提升到一个胜任的位置。"我顿了一下，"你刚才问到'自己是否适合成为自由职业者'，判断的标准有很多种，比如，从客户角度来看，你拥有更光鲜的职业背景和更丰富的职场经验，肯定适合；从你自己来看，符合了你在不同生涯阶段的重心才更适合；而从专业角度来判断，你肯定需要先学习，再实践，花三五年时间积累才更适合。"

"对哦，我还没有开始，别人也很难判断我是不是能做好。"程馨像是忽然明白了自身问题的答案。

"你在外企做人力资源，肯定也知道这样的一个现象，职场新人或者跳槽转换者在入职后的前半年时间是最不稳定的，很多人会在前六个月内提出离职。这是因为他们难以适应新的工作环境，不管是因为工作内容，还是因为人际关系，或者是因为企业文化，熬过这段时间，适应了，就好了。"我试图用她的经验来反观她自己的生涯经历。

"是的，我也经常给很多新人做工作，帮助他们适应，我们企业还有专门的职场导师帮助新人适应。"程馨似乎也明白了，"这和我的职业晋升是一样的，我也在经历着一次重大调整的适应期，只是，这次没有人帮我适应。"她笑了。

我继续在记录纸上画出示意图，一个人、前面有一块大石头："是的，这次职业调整对你来说，是一个巨大的挑战，也是一个机会。迎接它，你至少可以探探底，看看自己的能力水平到底有多高。或许，全力以赴之后，你会失败，那就心安理得地退下来，换一个与你匹配的职位。一旦挑战成功，你就拥有了更多的选择权。"然后，我又画出了另外一条路线，"面对挑战，如果你跑开了，或许不仅仅只是留有遗憾，更多的是对自己的否定，看不见的否定。逃跑的你，还没开始，已经认定了自己不行。"

"原来如此。"程馨若有所思，"那我就再给自己一年时间，反正没人赶我走，我需要的，只是自己扛得住压力。"

我感觉这个咨询要结束了。"如果回到半年前，让你重新选择，当你接到前任推荐你的升职邀请时，你会怎么选？"生涯咨询师要做的，不仅只是解决问题，还要帮助当事人从经历中增长智慧。

"我或许真的会慎重考虑了，当时，我还是贪心了，觉得升职是好事，只想着能满足内心的虚荣，但是没有想到的是，能力是否匹配，自己是否可以适应，面对的挑战该如何处理。"程馨想了一下，继续说，"即便是接受升职，我也会提出更多的请求，比如需要职场导师支持我，要给我半年的缓冲期，在职位上要先做副职。这样或许就没有现在这样的焦虑了。"

是啊，在职场上，有些人就像是一个没有规划的登山者，贪图路边美景，却不顾地势地貌，不看路线方向。一路走来，忽然发现自己走上了断崖。想要跳过去，没有足够的能力，想要退回来，白走了好长一段路。还有一些人，根本没有回头路，就只能尴尬地待在断崖之上。权力、荣誉、物质，固然是"登山者"要欣赏的"美景"，但只有提前准备充分，才能让攀登之路绵延不绝。

这次咨询之后，我收到了程馨的反馈：通过和老板的沟通，她撤回了之前的辞职申请，作为支持，公司派她出国到总部学习一个月，同时配备了一名职场导师。程馨和我说，她很有信心迎接挑战。

【拐角看见】

职场晋升有两种：一种是足以胜任，得以提拔；一种是形势所逼，火线提升。前一种情况已经经过价值验证，后一种情

33

况很容易不适应。调整方式：充分利用信任期给自己减负而不是急于表现；发挥自己的优势，迅速树立自己的职业品牌；维护团队和谐，不要推动改革。如果调整失败，也不要因此否定自己，只是时机未到，要蓄积信心重来。

职业发展的瓶颈，从来不在外部，而在内部，在于能力提升、认知升级和状态调整。否则，要么是看不到机会，只会抱怨而陷入了瓶颈，要么即便机会出现，也很难把握。只有关注了内在瓶颈的突破，我们才能规划好持续发展的路径。

幸福，就是活成你爱的自己

　　我和雅洁是在一次讲座中认识的，那次讲座的主题是：女性职业生涯发展。讲座中，我分析了女性重要的社会角色对自我实现的影响，以及在不同生涯阶段，女性遇到的尴尬和可能路径。

　　每次分享女性生涯发展的主题，我都会有两个感觉：一个感觉就是，女性职业发展委实不易，因为女性要承担更多的角色任务；而另一个感觉是钦佩尊敬，因为看到很多女性通过自己的努力和韧性为自己的人生争取更多精彩。

　　讲座结束之后，是听众提问环节，我没想到的是，有一半的问题都是关于孩子的。我又不禁赞叹：身为母亲的伟大。这时候，一个问题引起了我的注意："赵昂老师，您刚才说到的女性在有了孩子之后的自我实现，可以有多种路径。如果我既对原来职业没有太多热情，又没有感兴趣的新方向，这怎么办呢？"

　　我看向她，一位优雅的女士，从相貌看不出年龄，化着淡妆，穿着职业，显得干净利落，一站起来，就吸引了众人的目光。后来，我知道她叫雅洁，名如其人。

针对这种抽象的问题，在公众演讲的场景下，怎么回答都是对的，怎么回答也都不对。我回答："每个人对于自己的未来都会有很多的期待，这样的期待，如果放在职业中，那就要思考自我价值的实现与职业要求的价值是否匹配。如果想要在职业外发展第二条路线作为事业，那就要考虑自己追求价值落地的现实性。但前提是，你对于自己所要追求的价值必须非常明确，然后才判断要不要去努力争取。而这个过程，绝非一下子就能回答出来的，需要不断探索，反复确认。"

因为时间关系，针对一个抽象的问题，我只能简单作答了。

一周以后，助理告诉我，雅洁约了我的咨询。

咨询前，我了解了她的一些信息。雅洁是一个有十年经验的 HR，在互联网行业，主要负责培训模块。对于目前的工作，业务熟悉，游刃有余。职业内的发展，似乎一时也看不到什么机会。这种状况，让雅洁既感到一个资深 HR 所面临的危机，同时，若尝试向外突围，又很难看到新的可能性。加上作为一个五岁双胞胎的妈妈，她也想有更多时间照顾家庭。

咨询刚开始的时候，我照例问了问她自己的想法，还有之前做过的探索。雅洁说，她来咨询，就是想要寻求职业的新发展。因为在公司负责培训，所以，有很多机会听课学习。她也想过，要不要像别人那样，学习一些专门的助人技术，去做高管教练，或者咨询师。但是在深入了解之后，一方面考虑到需要持续长期储备相关的知识与技能，距离自己似乎有点远，另一方面，自己也不确定是否真的喜欢做这个。"认真想起来，其实这只是很多身边 HR 的规划路径而已，我自己并没有感觉。就像您那天讲座的时候说的，要先确认自己追求的价值。"

我点了点头，问她："你是从毕业之后一直在做 HR 吗？"

"也不是。英语专业毕业之后，有那么两年时间，我也没少折腾，做过翻译，做过导游，做过行政，还做过英语教师。那时候年轻，总想尝试不同职业，觉得这样很好玩。一直到了现在的公司，才算是稳定了下来。这里环境自由，鼓励成长，比较符合我的风格。再后来，就结婚生子。时间过得真快，这两年感觉工作没有了新鲜劲，没有了挑战。"

我听到了"折腾""自由""挑战""新鲜"，这是她追求的价值吗？我问雅洁："你刚才说到了想要尝试'教练''咨询师'这些相对自由的职业。在你目前的位置上，如果在 HR 这条路上继续谋求发展，还有什么是你可能感兴趣的吗？"

"老板和我说过，可以调换 HR 的其他模块，但我好像兴趣也都不大。至于升职，且不说难度比较大，就看看现在 HRD 忙碌的状态，我就知道那不是我想要的。猎头也时不时和我有联系，不知道是不是因为惰性在作祟，如果没有特别好的选项，我还真不愿意跳槽。"

"还有些什么想法吗？"

"没了。"

职业内，职业外，大概的可能性已经分析了。接下来，我要做的，就是激发她更大程度地扩展自己的视野，看看别的可能性，希望能从中发现一些蛛丝马迹。"说说你的理想生活吧？有没有什么感兴趣的事？"

"感兴趣的事情倒是不少，都是一些艺术类的。我小时候学过小提琴，后来不学了，都荒废了，现在陪孩子学，又重新捡起来。还有，就是画画，有时间的话，我会参加一些成人的油画课。"像是想到了什么，雅洁笑了，"老师，是不是我一边追求安逸，一边又想有发展，不好统一啊？"

"兴趣爱好在能够为他人提供价值之前，可能很难成为职业，但是或许我们能从中发现你所追求的状态。"我问雅洁："如果有一个理想的生活状态，那会和现在有什么不同呢？"我想，需要在梦想里找可能性了。

"我真想有个 Gap Year（间隔年）啊！那样，我就可以休息一下，陪孩子一起学一些东西，增加一些技能。"雅洁兴奋又无奈地说。

"阻挡你实现这个梦想的障碍是什么呢？"

雅洁想了下，说："虽然没有什么经济压力，不过，脱离职场一年，我担心是否还回得来。再说，我只是期待那种状态，如果真让我休息了，我学什么呢？我其实并不清楚。"听她这么说，我忽然想到，或许这个无所归属的 Gap Year 和目前的职业发展状态是一样的。我需要从这一点上推进。

"如果你有一个无忧的 Gap Year，而且你还愿意学习一种技能，那你对未来的期待是什么呢？更远的未来，Gap Year 之后，学了技能之后……"我希望帮雅洁绕过眼前的障碍，看向更远的未来。

"我想做能够与天赋结合的事情！"雅洁脱口而出。我想，这就是要找的方向。

每个人对于理想的职业状态都有不同期待。有些人的追求非常明确，就是某一个职位，某一种职业，他们需要做的是持续积累，寻找机会。有些人的追求比较模糊，那就需要结合过去的资源和经历进行探索。还有一些人的追求并没有在过去出现过，只是一种期待，沿着这个期待，就可以探索、布局。

那么，雅洁的"天赋"是什么呢？

"说说看，有什么事情是你做起来就很开心，而且极易获得成就感的？"我换了一种说法，帮雅洁打开关于天赋的思路。在很多人的心目中，天赋好像等同于天才，这样的认知误区，会让一个人终生不能发挥天赋。

我把纸和笔递了过去，让雅洁自己写。"随便写？""对，随便写。"

英语、帮助人解决问题、和孩子玩、小提琴、做饭、表演、翻译、画画……一会儿工夫，白纸上就出现了好多关键词。雅洁一边写，一边说：

"我喜欢英语，也特别喜欢英语翻译，当我读一些英文原著的时候，经常有冲动，想翻译过来，和别人分享。我想重新学小提琴，也是想要给亲友演奏，看着他们开心的样子，我也会很开心。我还喜欢做饭，喜欢有创意地做，做我没尝试过的。有创意的事，是我一直喜欢的，我喜欢表演，利用业余时间参加一些朋友组织的活动——一起排演话剧，我喜欢进入不同角

39

色的感觉……"

雅洁说得停不下来了。我一边听，一边记录关键词：创意、分享、挑战、多样性、关系、新鲜……我拿给她看："这不是你追求的生活吗？"

"是啊，我也知道，我一直就在过着自己想要的生活，可我总觉得这样的生活缺少规划。"

我慢慢地说："把给你带来快乐和成就感的关键词组合在一起，就是你想要的理想生活，按照这样的想法来设计，就是对自己人生的规划。"

我在那些关键词的下面写上：职业内发展、生活中、其他可能性。然后说："我们来连线，看看有什么可能。"

"职业内发展，可以给自己设置更多的挑战，比如尝试准备一门自己喜欢的课，分享给同事听。也可以发挥你的创意，尝试做一个既新鲜又有挑战性的项目。"听我这么说，雅洁抢答了："我可以借这样的机会，连接不同部门，加强与同事的关系，承担起更多的工作。"

"对，重要的是，你可以把这件事认真地规划起来。比如，一年当中，你最希望运用的天赋都有哪些？每个季度或者每个月，又希望发挥什么天赋呢？制订好计划，通过具体的事情来进行实践。这样，一方面，你的工作会变得有趣且有效，另一方面，你在有意识地运用天赋做事情，就不会有倦怠感了。"

雅洁频频点头："是啊，专门这样规划出来，感觉太不一样了。"

"生活中呢，即便没有 Gap Year，你也一样可以玩起来。和以往不一样的是，或许也是开始有目的地追求一种价值，做饭做出创意，定期晒图，发菜谱；学习小提琴的同时准备开一个家庭演奏会；演话剧就到企业里给同事们演一场。这样的生活应该很有意思吧？"

"是啊，那也不需要什么都做了，选几种我特别喜欢的，在业余时间做就好了，可以像职业内的发展一样，也规划出来。"

"如果前面两个都规划出来了，'其他可能'也会出现的。有些兴趣爱好并非'玩物丧志'，你了解得越多，参与度越高，就越能发现兴趣与职业联系的可能性。比如，视觉化的表达，艺术类的疗愈。或许，这是你将来可以尝试的方向。"

"是的，我之前考虑的'助人者'职业多是受了别人的影响，并不是我自己想做的。现在我发现了，助人虽好，却并没有发挥我的天赋。"雅洁的眼睛已经亮起来了。

"如果把这三个方面放在一起，你会有什么发现？"我把画满了连线的纸拿给雅洁看。

雅洁想了想，说："我有两点发现，第一，只要愿意，我就可以给'我以为的'天赋找到用武之地。我之前还是给自己设定了太多的限制条件，所谓不会规划，其实是不敢规划。第二，我发现，职业与生活，与兴趣爱好并不一定是截然分开的，找到一个合适的角度，完全可以把它们联系在一起。"

"那么，如果让你给自己未来理性而美好的梦想生活命名，你的梦想是怎样的？"

"做个幸福的女人！"雅洁开心地笑了。

只有自己才能定义幸福。我并没有给雅洁的职业发展指出一条"明路"，我也指不出来。关于行业趋势和职业信息，作为一个资深职场人的雅洁并不会比我知道得少，但之所以从未和自己连接，是因为她对自己有一个幻觉般的期待，这样的期待指向一个"呆板的社会标准"：社会地位要高、赚钱要多、要足够专业。在这样的期待之下，自己的追求、天赋、幸福就难以安放。把别人设定的可能性当成自己的出路，不管如何付出努力，总是难以到达幸福。用"呆板的社会标准"要求自己的人就像待在鸡窝里的凤凰在努力地学习打鸣一样，忘了自己有华彩缤纷的羽毛和一飞冲天的本领。

幸福只有自己知道。只有顺应了自己的天赋，按照自己喜欢的方式生活，才能慢慢活成自己所爱的样子。

【拐角看见】

　　梦想是人生的一道佳肴，可以做成终生难忘的宴席主菜，也可以做成天天享用的美味家常菜。这道菜需要三种食材：热爱、天赋，还有愿景。每种食材都不难获得，但是却特别讲究：所有食材必须是自栽自养，自己培育，借不得，买不得。不必艳羡别人的大餐，自己做的最有味道。

　　在梦想面前，人们总是既自大又自卑，自大到如果不唯我独尊就算不得梦想，自卑到做任何一件自己喜欢的事都谨小慎微，不敢发展。有时候觉得自己必须是凤凰，有时候又发现自己不过是一只小鸡。其实，是凤凰是鸡不重要，重要的是，先飞起来再说。

【人物访谈】

访谈目的	通过访谈，开阔自己的视野，加深对于不同职业的理解，并对自我的兴趣方向进行探索
访谈节奏	长期持续地进行访谈。把职业访谈变成自己的主动社交方式
访谈对象	要去寻找你能接触到的，在某一领域做得非常好，有成绩，有成果，也很喜欢这一职业的人做访谈
基本的访谈问题	1. 做出现在的成绩，你认为，最关键的原因是什么 2. 这个职业带给你最大的价值是什么 3. 你认为这个职业的缺点（需要提醒的地方）是什么

【新职业探索清单】

如果对某个确定的新职业感兴趣，可以有针对性地进行探索，以下为探索清单：

1. 这个领域将来的发展如何？会有什么样的市场需求？目标客户会是谁？单笔业务的消费额度会有多大？

2. 这一领域的主要职业都有什么？各自有什么样的进入要求和发展要求？

3. 做到比较不错的程度大概是怎么样的？

4. 这一领域的最大尴尬和困难是什么?

5. 这一领域的回报和价值有哪些?

6. 当地开展的可能性和市场前景如何?

【成就日记】

日期:

这件事的发生过程	
为何会有成就感	
体现你价值的原因	
明天准备如何创造成就感	

【适应期调整清单】

　　升职、换工作,都会面临一个职场的适应期,这个阶段,最重要的是有觉察地调整好角色,直面挑战,制订应对策略,迅速适应。

新角色挑战	可以借助的资源	应对策略	期待的目标
工作内容 周围环境 人际关系 工作方式和习惯 …… 可以具体化，细化	自己的经验迁移 别人的经验学习 包括上司、下属、同事、家人等整个系统的支持 时间精力 参加的学习培训 ……	将具体的挑战与可以获得的资源进行连接，查看可能采取的行动方案，以及哪些需要积极拓展的新资源	达到什么程度，实现什么目标，就算是顺利度过这一适应阶段了

【创造属于自己的理想生活】

想不想让你的生活充满激情？想不想让你的人生丰富多彩？试着填写下面的表格，你会有新的发现。

做些什么事会让你感觉到开心快乐，容易获得成就感			
从这些事情中，可以总结出什么关键词			
把这些关键词分为三类，你会有什么发现	职业内发展	生活中	其他可能
可以如何规划你的理想生活			

2

挖掘内在资源
突破生涯困局

　　之所以会出现生涯困局，往往是因为资源不足，特别是内在资源不足，而这正是突破困局的切入点。

一个工程师的中年危机

"昂 sir，有个客户点名要您做咨询。"助理给我发信息。

"有说什么原因吗？"我问助理。随着咨询客户的互相介绍，加上近年来因为写作和培训带来的知名度，总有客户点名要我来做咨询。因为时间确实安排不开，如果不是必要，我都尽量转介给别的咨询师。

"客户看到您之前也做过工程师，感觉和他会有共鸣。"助理的回答，让我得到了两个信息：除了他的职业之外，还看得出来，这是一个非常细心和谨慎的人。连我二十年前做过的工作都能找出来，可见，这个咨询对他十分重要。

"先把资料发过来看看吧。"我让助理给我发邮件。

一分钟后，邮箱提示音响起，一封名为"阿哲的咨询信息收纳表"的邮件躺在里面。我打开，开始了解具体信息。

阿哲，37 岁，通信工程硕士毕业后就进入了通信行业，开始两年还跳了一次槽。后来，进入现在的这家企业，就没再换过工作，已经十年了。这十年里，他结婚生子，升职加薪，做了一个又一个项目，成了部门里能够独当一面的中坚力量。

在信息表的咨询诉求中，阿哲的表达逻辑清晰，他写道：

"最近这半年，我的工作状态特别混乱，不知道接下来将要如何发展。虽然，我也知道，现在的工作是不少人羡慕的。虽然，我也知道，接下来可能又会有升职的机会。虽然，我也知道，别人都是这么做下来的。但是，我还是会在一个人独处的时候想到未来，一想起来，就会发慌：到底是该做技术，还是该做管理？这么做的前途是什么？还有没有别的可能性呢？什么才是属于我自己的人生使命？

在信息表的结尾，阿哲写了一定要找我咨询的原因：

"昂 sir，我查到你的信息，知道你之前也做过工程师，虽然那是多年前的事了，但我觉得，你一定能够理解我，或许，你也做过类似我这种情况的咨询，希望你能帮帮我。"

我关了邮箱，若有所思地点了点头。确实，这样的情况很普遍，但解决问题的关键，不在于我曾经的职业经历，而是现象背后的基本规律：职业生涯发展阶段的延续性。这个工程师所遇到的职业发展问题，不是个例。很多人初入职场，勤奋自律，埋头苦干，迅速提升专业技能，不断积累专业经验，一直都做得很好。在开头的几年时间里，工作充实，也获得了包括物质回报在内的各类价值提升，很有成就感。然而，时过境迁，人生就像长跑，经历了适应职场的新鲜期和快速发展的上升期之后，如果找不到更远的方向和目标，就像看不到路标的跑者，跑得大汗淋漓，却内心发慌。甚至，还会因为身边多了一些新跑上来的职场新人，让自己感到莫名地焦虑。

我给助理发信息，请她帮我预约咨询时间。

　　和阿哲见面的时间是一个周末的下午，听见敲门声，我起身迎了上去，打招呼，引他进来，落座。穿着蓝色格子衫的阿哲，透着工程师特有的理性和严谨，有点局促的眼神里，又透着点不安。

　　我没有先讲话，倒了杯水，推到了阿哲面前，做了个深呼吸，安静地看着他。

　　"那个，赵老师，"阿哲和我的目光一接触，就又躲开了，"我的资料您都看过了吧？"

　　"是的，我都看过了，我还特别想听你说说目前的状态。"我知道，同样的文字，在不同人那里，会有不同的表达，也会有不同的理解，面谈的咨询，可以获取更多的信息。

　　"可能是我在表格里说得不清楚吧。"阿哲沉了一下，"我也不知道该怎么说，反正状态就是不太好。陪孩子的时候，还会有一些快乐，或者公司有个什么紧急的任务，我也会兴奋一下。但是在一般情况下，我就总觉得挺无聊的。"

　　"这样的情况是从什么时候开始的？"我继续问。

　　"去年年底吧，公司进行业务调整，我原来在部门里负责一个重点项目，团队也有十几个人，不知道什么原因，说砍就砍掉了。"说到这里，阿哲似乎有些失落，"虽然在这之后，待遇什么的都没有改变，但每天去了公司，不是培训，就是开会。就连加班，也好像是没事找事，生怕我们闲着。"

　　喝了口水，他继续说："从那以后，我的状态就开始不好了，我也不知道是什么原因，总有危机感，总是担心，万一将来被公司裁了怎么办？都说干我们这一行的有'35 岁效应'，现在的年轻人成长都这么快……"

"那么，你周围的同事呢？他们到了你这个年龄，一般都会做什么？又有什么发展？"我问他。

"我想过这个问题，不外乎两种可能，一种就是晋升，从管理一个项目到管理一条产品线、一个事业部，然后慢慢进入管理层，但是这种可能性的影响因素特别复杂。有时候，靠的可能是能力、资源、人脉，还有些时候，靠的可能是机遇、信息、偶然性，有人擅长的溜须拍马、投机钻营似乎也能起作用。"阿哲摇摇头说，他看不懂，也做不了。

"另一种发展可能就是跳槽，去别的公司做项目经理，然后看看有什么新的机会。但是行业大势如此，跳槽就像是转会，想要碰上好老板，碰上好机会，可遇不可求，之前的同事也似乎没有什么特别惊艳的发展。

"这也正是我无奈的地方，难道，就没有别的路径了吗？我感觉自己就像是在等待审判，不知道审判结果如何，没有标准，没有目标，所做的各种努力似乎又都是徒劳的逃避。"说完这些，阿哲无奈地摇了摇头。

"你好像不想逃避，你对自己有什么期待？"我问他。

"当然了，我怎么能逃避呢？"阿哲显然有点激动，"当初，我算是我们系里面专业学得最好的，我也一直特别热爱这个领域，我和那些混日子的人不同，虽说自己衣食无忧，可不想就这么等着退休，更不愿意被淘汰掉。"

我感受到了阿哲的期待，他期待自己能够实现更大的价值，只是，此时摆在面前的机会非常有限，这让他感受到了职业瓶颈。一般来说，对自己职业发展有成就期待的人，往往拥有闪亮的过去，这会让他们对自己的价值评估有更高追求。或许，他们曾经执行力特别强，专业技术过硬，是个"兵神"；或许他们曾经接受过别人难以应对的挑战，攻克过难关，是个"技术大拿"；或许他们有使命感，有领导力，只要有历练的机会，没准可以成为"领导者"。

然而，正是因为没有调整好不同生涯发展阶段的重心，没有做好准备，没有及时升级自己的资源，才会出现职业发展的瓶颈。来做咨询的阿哲，并不算很晚。

"说一说这十年的职业经历中，那些让你印象深刻的闪光事件吧，就是让你最有成就感的事，可以很大，也可以很小，但一定要让你印象深刻，记忆犹新。"我决定从这里突破。

"这些年来做成的项目也不少，在公司、部门里，都能被大家认可。那我说一件别人不觉得有什么，但我自己感觉很自豪的事情吧。"阿哲若有所思地说，"那是前年，我们公司投标一个项目，我作为技术负责人去支持销售部门的工作。投标阶段，每家公司都各显其能。于是，客户要求各家公司做一个性能测试。我们的设备综合指标显示最好，然而，不知道为什么，在压力测试的时候，忽然出现了故障。我连夜处理，排除了故障，并把技术问题进行了详细的说明，写成报告，发给了客户。事后，销售的同事还抱怨我，故障是在半夜出现的，即便不说，客户也不见得能发现，为什么还要专门报告呢？但是在我看来，一方面，这是真诚的表现，另一方面，这也是一种担当。后来，客户还真就选购了我们的产品。客户说，就是从我的报告中看到了我们公司的专业度。"说起这件事，阿哲显然很自豪。

"敢于承担，能打硬仗，这就是你的闪光点。"我一边总结，一边看着阿哲，他频频点头。

"那么，具备这样优点的人，敢于承担，能打硬仗，在通信行业里，在你们公司，一般都在做什么？"我进一步提醒阿哲。

"海外部的一些项目经理是这样，新项目的一些负责人是这样，还有一些特别有魄力的事业部老总也是这样。"阿哲似乎明白了什么。

"你和他们的区别在哪里？"我继续问。

"以前，我只是觉得或许是我没有机会，或许是因为我的经验不足。现在想来，这样的机会需要我去争取。经验，也需要尽快积累。"阿哲说得很慢，大脑却好像一直在高速运转着。

"或许是吧。"我附和了一句。然后展开：

"职业发展的过程中，不同阶段要发展不同的能力，才能发挥不同的价值。刚开始的时候，执行力强，技术过硬，就是最好的职业表现。随着年龄增长，经验越来越丰富，开始成为职场中坚力量去挑大梁的时候，就需要能够做决策，拍板了。越是到了职业发展的后期，越是需要显现出来一个人的职业品质，比如意志力、决策判断能力、格局视野、资源整合能力等，这才是在这个阶段最需要体现出来的价值。"

"那，如果我没有表现机会呢？"阿哲显然是听进去了，此时的提问已经不再是迫切得到一个答案。这个问题像是在问我，也像是在问他自己。

"机会一直都在，只是需要有准备的人去争取。如果你看到了未来的发展方向，正要去争取这样的机会，那么，接下来会怎么做呢？"我反过来问他一个问题。

"哦，我明白了。这么看，也就能理解为什么公司的那些事业部老总会有那样的发展了。"阿哲点了点头，说，"其实，每次遇到特别有挑战的工作的时候，遇到新项目需要研发的时候，遇到新市场需要开拓的时候，就是一个人验证自己价值，获得新发展的时候。"

"是的，把思路再放开一些，机会一直都在，即便不在你的部门，也可能就在你的公司，不在你的公司，也可能在行业内别的公司。凡是发展迅速的领域，凡是需要人才的领域，就一定有你的用武之地。关键是，你要知道如何发挥自己的优势，如何积累自己的价值，如何把握机会。思路打开，瓶颈就不存在了。"

咨询结束，阿哲如释重负地离开了。

半年后，他给我发信息说，已经开始负责一个新项目了。虽然并未升职，但是，他说，新项目充满挑战，他已经在为下一次机会积累经验值了。

【拐角看见】

要想职业发展得好，需要具备两种格局：一种是时间格局，以一生为纵轴，能够划分出不同生涯阶段，能看出不同生涯阶段的重心。具备时间格局，可以为发展做准备，准备好能力资源，不错过发展机会，可以大干一场。具备时间格局，还可以为转型做准备，不留恋既得利益，知止不殆，灵活转身。

另一种是视野格局。在任何一个领域，具备对行业的深刻洞见，才是高手。这是一种持续积累的专业深度，是在一件件具体工作中达到的高度与时间的乘积。在看似烦琐的细节中，往往藏着未来的趋势，而对于趋势的把握，决定了一个人能够在有限的生涯经历中达到的高度。

如果不能把握以上两种格局，甚至对这样的格局毫无意识，现实的问题就会让人迷茫，感觉陷入瓶颈。打破发展瓶颈的方法，不是向外求机会，而是向内升级自己。提升格局，善用优势，积累价值，本来坚不可破的瓶颈自然就烟消云散了。

转行路上，没有捷径

转行，已经是这个时代很多人的诉求了。

一来，因为职业生涯时间变长和外部世界变化节奏加快，除了一些需要持续积累的领域之外，比如医学、科技领域，一个人很难在长达三十年的时间里长期从事同一种职业了。二来，人们自身的认知成长和需求期待也在不断调整，甚至在加速调整。上大学的时候或许懵懵懂懂，进入职场就想转行；十年八年之后，对自己有了新的认知，也有了新的需求，或许又要调整；到了四五十岁，又会想到要筹划新的职业路线。一个人的职业生涯会有几段不同的职业轨迹，都是常见的情况。

然而，转行并不意味着可以顺利获得成功与幸福，相反，很多人的转行是一种无奈与迷茫。贾琳就是因为有转行的困惑找到我的。

贾琳是一个 28 岁的女孩，大学读的是市场营销专业，毕业后求职遇上了"就业难"，就从快消品的基层销售开始做起，后来做化妆品销售，业绩也都还不错。随着对业务逐渐熟悉，她慢慢厌倦了自己的职业，感觉除了不断冲新的业绩，不断开拓新客户，挖掘新渠道，似乎并无新意。于是，她就想通过转行来改变人生轨迹。

"有转行的想法已经好久了吧？"我开门见山的问题，让贾琳有点惊讶。

"是的，从一开始，我就有疑问：我真的适合做销售吗？但是后来，感觉自己也能做得来，收入也都还不错，也就没想那么多了。不过，这两年感觉自己年龄大了，有点折腾不起了，开始考虑要结婚成家，就对这份工作有了厌倦。但是，又不知道该做点什么。"

"那你有过什么尝试吗？"

"我了解过互联网、投资、培训，但是感觉似乎都不太适合我。"

"为什么这么说呢？"我想，最初选择进行尝试，一定有某个地方对她有吸引力，但最终认为"不适合"，一定也是因为某些地方在探索中遇到了阻碍或者有别的新发现，这些都是值得探索的地方。

"我尝试着去做这些职业，但似乎反馈并不是很好，起步比较难，我要从头开始，就会又返回到经济拮据的状态。"

原来是这样！她不知道，这是转行一般都会遇到的阶段呢。转行，是因为对未来有更为美好的期待，殊不知，转行绕不过去的就是成本和风险。如果满心欢喜地冲出去，遇到了风浪，花了成本，就退回来，那无论如何也遇不到最后的美好。或许，这也是一种考验吧，如果目标不确定，如果付出不尽力，可能就证明不了转行的决心，自然会被淘汰。

　　"转行的起步难是正常的。"我和她解释道，"你要了解新领域，还要做最基础的能力资源准备，然后去寻找可以证明自己的机会，只有展示你的价值，才会逐渐被新领域认可，拿到应有的回报。这中间，你的投入越多，拿到回报的可能性越大，转行的时间就越短。如果只是兼职地了解一下，那势必会遇到重重困难。"

　　我接着解释道："就像是你要登山，选好了山峰，面前有好几条路径。你每条路都试探着看，然后发现要么有猛虎拦路，要么有悬崖峭壁，要么有天堑阻隔……每条路都有风险。于是，就害怕了，退缩了，给自己的结论就变成了——不合适。"

　　"这么说，不一定是不适合，而是我需要更加努力！"贾琳有点兴奋了。

　　"还需要勇气。"我说，"当然，不是鲁莽，而是心中有所追求的勇气。来，我们一起看看你心中的那个追求是什么吧。"

　　我开始和贾琳一起重新梳理她过去的职业经历，探索她在其中的感受。我们发现：销售工作给她带来了很好的物质回报，她也在创造了令人羡慕的业绩的同时，感受到了销售工作的瓶颈。业绩的持续要求并不能给她带来成就感，反倒是让她在紧迫感中慢慢丧失了自我，于是她想找到一份能体现自我价值的工作。

　　什么是"体现自我价值的工作"呢？每个人对于"自我价值"的定义都不一样。有人认为，更高的业绩，就是自我价值的体现，因为那可以证明自己很牛。有人认为，挑战别人难以完成的工作，就是自我价值的体现，因为那可以让自己有成就感。有人认为，能够晋升到更高职位，带领更大团队，就是自我价值的体现，因为那可以让自我价值得到放大。还有人认为，能够帮助到别人，就是自我价值的体现，因为那可以让自己的优势得以发挥。贾琳的自我价值是什么呢？

"说说看，在你所了解的职业中，吸引你的共同点都有什么？"我决定先从兴趣点入手。

"这个我分析过，我喜欢与人沟通的工作。一方面，我之所以能把销售工作做得还不错，就是因为这一点，我爱与人聊，聊他们的需求，看看我们产品的哪些功能可以满足他们的需求。另一方面，我不喜欢销售，就是因为总有业绩要求，这让我很有压力。我喜欢一种从容优雅的生活，在这样的生活中，我是凭着自己的能力吃饭，做着我喜欢和擅长的事情。这些事情都是由心而发，可以给别人带来价值的，而不再是为了说服别人购买，或以成单为目的的事情。"

贾琳的描述已经有了大概方向，"沟通""擅长""满足价值""从容"，这些不仅仅是一种美好的想象，而是有体验的感觉。看来，在她过去的探索中，应该出现过让她心动的职业。

"你刚才说到了，尝试过好几种职业，我们不妨一个个来看，它们与你的契合度。"在过往的职业中，或许就有她想要追寻的踪迹。

我开始和贾琳一起分析她所经历的种种尝试。从销售到管理，从培训到心理学，从投融资到参与创业。在咨询中，这样的体验就像是咨询师驾驶着飞机，带着来询者勘察地形，在来询者目之所及的范围内，飞行高度不断拉高，再拉高。直到来询者忽然感觉到，这就是我喜欢的风景了，目标也就大致确定了。

　　这个过程并不简单。曾经，她尝试过从销售转做管理，她希望能够通过升职带团队，来获得更大的发展空间。但在尝试的过程中，她又纠结于自己带领团队的能力是否足够，纠结于如果一直做管理，自己收入可能会减少。不过这段经历，也让贾琳有了关于自我价值的更多体验，于是开始学习心理学，她的纠结无外乎：能力、门槛。她看重的价值也很明显：助人成功带来的成就感。继而她又探索投资、探索创业，后来拿不准的原因，是因为风险。

　　这个过程中，我发现，答案其实早就在她心里了：想做培训师。因为培训师可以发挥她的沟通表达优势，还可以满足她帮助他人的价值诉求，收入也还可以，更加自由。而之前之所以犹豫，更多的是因为在初步了解之后发现，很多培训师都有着非常光鲜的教育背景或者职业背景，而自己似乎都不具备，于是就打起了退堂鼓。后来她转向投融资和创业，可是发现别的路径也不好走，甚至过程中充满了痛苦，让她更加迷茫。找来找去，最终变成了不停地打转。

　　确认一个目标，需要获得价值满足，同时资源能力可以提供支持。在她看来，价值是满足了的。但是能力不足，一出门，就遇到了山。然而，事实上，这两个方面都是需要确认的：以为的价值可以获得满足，并不一定是真相，而那座山，或许也只是一个障眼法。我需要和她确认这个目标。

　　"你是如何了解培训师这个职业的？"

　　"我们公司经常组织一些培训，销售培训、管理培训、个人成长培训都有。我就挺喜欢培训师在讲台上和大家分享的感觉。

后来也和一些培训师有沟通，发现他们其实也挺辛苦，要跑来跑去，要持续学习，要打造个人品牌。我觉得，如果自己真要做这个，路还挺长的。"

"抛开具体的成果不说，那些都是需要慢慢积累起来的，别人能做到的，你也可以通过努力做到。我们需要先从底层来看看，职业需要的基本要素，你是否具备。然后，我们再看，这是不是你想要的。"

有时候，人们放弃一个选项，只知道是因为难，而不知道为什么难。

我和贾琳一起分析了她的能力结构与培训师的职业能力要求，我们发现，她的学习能力、呈现能力、应变能力都不错，积极分享、换位思考的同理心也都具备。表面上，是卡在了光鲜的职业背景，实质上，是相关的管理经验不够丰富。这些是障碍，从另外一个角度来看，也是努力的方向。

"你知道，对于培训师来说，光鲜的职业背景意味着什么吗？"我没等她回答，自问自答起来，"意味着学员对你的信任。你有相关的资质、背景、经验，学员才会在没有听到你的课之前就对你产生信任，才会走进你的课堂。同时，客户也才会选择你。而到了你具有很高知名度的时候，名字就是知名度，就不再需要亮出背景了。所以，光鲜的职业背景不是为了吓唬人的，我们得找到你将来要建立品牌的领域，然后需要从这里着手积累。"

贾琳频频点头："哦，我明白了，这么讲，我就踏实多了。我是愿意一步一步积累的，只是之前以为自己永远也达不到呢。"

接下来，我就开始和贾琳分析作为培训师可以涉猎的领域，结合她自己的经历，开阔下视野，找出几个领域，再结合每个领域可能需要积累的背景，进一步筛选，找到适合她的职业的未来版图：个人成长领域。至于具体的培训内容，则需要她尝试了之后才能知道。

"接下来的计划，有想法了吧？"我进一步推进。

"嗯嗯，是的，我要先广泛参加各类培训，从中选择自己喜欢的课程，可以深入下去的，就持续学习，再看看是不是需要系统学习别的内容。然后就找机会开始实践，这么看，现在的工作还不能离开，一方面，可以为学习提供经费保障，另一方面，也是进行实践的土壤。"看来，她已经胸有成竹了。

"有两点需要提醒你：好的培训师往往具有个人魅力，所以，同一个内容的课程你至少要参加两个以上培训师的课，才能决定是否选择该课程，而不是因为选择人而选择课。另外一点，根据你目前筛选出的大方向，你最好从销售的位置上转到管理上来。虽然销售能给你带来更好的经济回报，但是从将来的目标考虑，你直接接触团队管理，直接与人打交道，对于你积累经验有价值。"

"太好了，这两点提醒很有价值。"

"别忙着高兴，未来一两年里，你会很忙的，要学习、要做管理、要开始实践，还要抽出时间来熟悉新的领域和圈子，后面可能会很辛苦。"我要给她打个预防针。

"没关系的，有了动力，这些都不是问题。"贾琳信心满满。

"接下来，我们要制订一下未来 3 年生活与工作平衡的计划。"

"这是赠送的咨询？"贾琳开玩笑说。

"不，这是转行路上必须要考虑的维度。"转行的风险大，成本高，本来就需要很大的资源投入，如果此时赶上了生涯角色重叠转换，可能就会感到左支右绌，力不从心了。到时候，很有可能转换失败。对于贾琳来说，最大的风险还在于她的年龄和性别对职业发展的影响：30岁左右的职业女性都要面临的婚育问题。这个风险足以在关键时候，让她重新质疑，重回迷茫。所以，关于生涯平衡问题，本就应该在这个咨询中提及。

问题倒不难，无外乎就是提前做计划，安排好节奏，做好取舍，找到每个阶段的重心。预则立。

咨询完成，我舒了一口气。我在想，转行是一件简单的难事，是什么禁锢了我们职业发展的可能呢？是既得利益，未知风险，还是转化成本，抑或是定性思维？不管是什么原因，如果把转行真的当作一个梦想，就会勇敢得多；把转行当作一个需要努力才会实现的梦想，就会坦然得多。

两年后，贾琳发来一个培训公开课的链接，她说，她已经开始尝试着做小范围的内部讲课了。

【拐角看见】

转行，不应该只是为了摆脱什么，而是当发现在新的生涯阶段要追求的价值不能匹配现有职业满足的时候，就可以考虑转行了。

转行时遇到的困境无外乎这么几个：

1．对行业外的信息了解有限，没有确定的方向可以追寻；

2．可能有感兴趣的领域，但只是限于直觉上的兴趣，能不能成为工作还不好说，担心转行失误；

3．转行有成本，现状不允许，面临各种生存和平衡的压力。

制订转行计划的步骤：

1．综合考虑转行的成本、风险、价值，确认只有转行才是自己当下职业发展的唯一路径；

2．通过对每一个选项的价值分析，确认转行的具体目标；

3．盘点自己的资源（能力、经验、人脉等）；

4．在现状到目标之间，找到差距，整合资源，开始行动。

转行路上永远没有捷径，有耐心才最快。

技术精通者的瓶颈突破之路

在生涯咨询中，我经常会遇到以下这样两类具体的问题。

一类问题是关于行业的判断：到底哪一类行业更有前途？

我当然知道行业的选择和一个人的职业发展密切相关，但是，我也知道，这两者之间并不是简单直接的正相关。有人说，赶上风口，猪也会飞。而现实情况是：猪愿不愿意飞？能不能正好赶上风口？风停了怎么办？还有，如果不是猪呢？所以，虽然某一个行业有没有前途很重要，但每个真实的个体在其中会有怎样的发展却不仅仅依赖于此。

另一类问题是关于职业方向的选择，特别是关于管理路线和技术路线二者之间的选择。

有人是基于自己的能力缺陷进行判断：认为自己不善与人打交道，不敢管人，就不能做管理；有人则是基于可能的价值进行判断：做管理可以发展得更长久，可以有更好的经济收益；有人是基于发展瓶颈做判断：做到一定程度，技术专家就会被淘汰，要趁早转型。

对于行业发展和职业方向的选择，并没有一个绝对正确的标准，每个人的优势不同，倾向的价值不同，内在动力不同，自然就会有不同的选择。我们不要忽略的另外一个事实是：不管什么选择，接下来，都需要通过发展来演绎自己的职业生涯。多年后的职业状况，并不是在选择确定之后，就能决定了的。

章程就是一个处于朝阳行业，正在纠结选择哪个方向的人。所谓朝阳行业，是指一些发展势不可挡的领域，比如互联网、电商、生物医药、人工智能……一般来说，这样的行业总是具备这样的特点：人才济济、竞争激烈、机会多、发展快。在这些领域里工作，成长快、压力大、选择多，困惑也会多。

章程30岁，是做技术的，从一般工程师做到了技术精通者，后来开始带团队，做了三年的项目经理。这个年龄，在朝阳行业，正是职场的中坚力量。

"赵老师，我感觉我的职业发展需要有一次突破了。"章程开门见山地说道。眼前的这个小伙子英气逼人，自信而坚定。

"说说你的具体想法。"我好奇他对于自己发展的考虑。

"在我这个阶段，技术发展有了一些积累，也有了一些带团队的经验。我需要做一个决策：做专家，还是做管理？这将决定我未来十年的职业走向。"章程说出了企业内发展通常会遇到的两条通道。但我想知道的是，这两条路线在章程的工作环境里，意味着什么。

"能不能具体说一说，你对这两个方向的考虑？"我进一步询问。

"虽然是技术出身，我对管理也很感兴趣，平时喜欢研究管理、战略之类的课题，如果做管理，我想成为一个有决策权的管理者。如果做专家，我觉得，也不能只是解决具体的技术难题，只是写写代码，而是要有一定的话语权。"章程又补充了一句，"好像这两个目标都和影响力有关系，我想这是不是这两条路线继续发展的一种必然结果呢？那该怎么选？"

看来在咨询之前，他已经有了深入思考。"你的这个发现很好，那你在两个方向的选择上有什么顾虑呢？"我猜想，他是不是有了具体的职位选择机会了？

"我的顾虑是，两者发展起来的区别是什么？如何做准备？"他是在未雨绸缪。

看来这两个选项对于章程来说，价值趋同，所以，他才会纠结。我和他确认道："这两个选项对于你来说，最大的价值，是不是都是影响力？还有别的考虑吗？"

"别的没什么了，从经济回报来说，两条路径发展起来也差不多。我希望自己能更有影响力，更有成就感，不会被淘汰，反而更有价值。"我听得出来，他的想法很清晰。

做管理和做技术，虽然在很多企业中有很多的融合，比如技术型的管理者，管理一个技术团队的人，一般也都是技术大牛。但是作为不同的发展方向，在具体职位上是有很大区别的，特别是在更高一级的发展上，侧重点会有不同。管理者的工作对象主要是人，而专家的工作对象主要是事物，这是最大的区别。这一点也决定了两条路径发展的重点不同：管理者需要提升管理团队的能力，需要训练对人的敏感，而技术专家需要提升系统化的思考能力和研发能力。这个视角，主要还是从能力来看的。

我和章程沟通这些，他非常清楚："您说得很对。这样的话，如果现在来了一个机会，我该如何选呢？"

既然职业发展方向的价值可以确定，那在具体选项的选择上，就需要结合具体的资源了。

"单纯说选项，很难做选择。我们一起来看看你的优势吧。"于是，我就和章程从大学开始梳理起来。

章程高考时所选专业是机械制造，进了大学，他就后悔了，感觉自己不喜欢这个专业。于是就刻苦学习，终于在大一结束的时候，如愿以偿地转到了信息工程系。他说，整个过程都是自己申请的。看来，这是一个很能折腾的人，有魄力，也有很强的内驱力。

大四的时候，章程加入了一个创业团队，为了创业，他没有选择大公司，放弃了高薪。虽然两年后创业以失败告终，但是几年的创业经验让他得到了不少历练，最后一年，他已经成了团队的技术负责人，有不少技术难题都是他带着团队攻克的。这也为他找下一份工作做了充分的准备。创业虽然失败，但章程凭着自己的技术水平顺利应聘，进了一家行业内的大厂。之后，又借着技术优势，一路升职，成了部门的"技术专家"。

昔日的成绩分析完了，章程的困惑也浮出了水面，以往的经历显示，章程具备的更多的是在技术方面的优势，是不是就要在技术路线上发展呢？我问他："你是怎么想的呢？如果有这样技术岗位的升职机会，你会选择吗？"

"这也正是我纠结的地方呢。"章程说，"按说，在技术路线上发展，也没什么不好。刚才我们也说了，发展到一定程度，不管是技术还是管理，都要既懂技术，又懂管理，而且价值回报也都差不多。但我还是不安心，总觉得自己是在被外界推动着走，没有掌控感。"

我很理解他的这种"没有掌控感"，很多人都期待自己能够在铆足了劲儿，准备发力的时候，看到一个接一个的目标安排，有一个可以直达终点的"计划表"。但实际上，越是向上发展，影响因素就会越多，可掌控的可能性就越小。

我要帮他找到一种更为本质的掌控感。

"抛开其他的因素不想，仅仅从工作内容上来说，你对人的兴趣更大，还是对事物的兴趣更大？"

"好像是对人更感兴趣，我曾经还想尝试销售类的工作。我是不是因为没做过，因为好奇，才会对这些工作感兴趣呢？"章程回答了一个问题，又提出了一个问题。

停了一下，他又说："毕竟没有专门做过更高一级的管理，我不知道，我对于管理的期待，是不是就是因为好奇？或者说，我对于只做技术，继续走技术路线，有些不甘心。"

"从刚才我们的分析来看，你的过往经历已经体现出了你的魄力强、内驱力强，有自信，有毅力，在攻坚克难时，又善于调动资源，这些都是很好的管理能力和领导能力的基础。然而，一方面是你可以预知的技术路线，一方面是你有更多好奇，却缺少经验的管理路线。两条路线都有难度，都需要投入和专注，你的纠结更多是关于风险的，想要风险更小，价值更大，满足期待。"我顿了顿，接着说，"而且还有很多期待，是你现在很难明确表达出来的，比如运用技术背景，去做管理，做更有价值的决策判断，获得更大的成就感。"

章程频频点头："是的，是的，特别精准，我知道自己为什么纠结了。"很简单，他就是想要更多的确定性。

他想了一下，又问："可是怎么实现呢？是不是就需要摸索着前进了？"

"这件事，你没有明确的路径，我也没有明确的路径，换个角度来看，你的老板、同事也都没有明确路径。这是为什么呢？"我喝了口水，在纸上边写边说，"两个原因：① 你需要呈现出更为明确的成果，进而体现出相关性强的能力，才能呈现出你的优势；② 需要有外界的机会，这个机会有计划因素，也有偶发因素。"

"对于第一个原因，你正是因为不知道方向是什么，而不知道如何呈现，不知道如何作为。而你之所以不知道方向，又是因为不具备具体的体验，这就陷入了一个不可知的循环。你现在既然具备了相关的潜质，为什么不尝试着去探索，去获得这样的体验呢？实际上，对于你来说，已经有了很多关于技术专家的体验，你需要的是，发展更多团队管理的体验，积累相关的能力，然后再做决策。对当下的你而言，之所以难做判断，是因为资源缺乏，这个资源主要并不是外界的信息和'必胜的策略'，而是你内在的资源：体验、信心、能力。"

"是啊，我之前总在想要选定一个方向，好深耕细作，持续发展。现在看来，需要先发展，才会选择。"章程若有所思。

"深耕细作是没错的，但你要注意，深耕细作的是一个领域，而不是一种技能。即便在一个职位上，你也要关注多种能力的提升，否则就很容易变成流水线上的一环。这其实也是积累自我价值的一种方式。"说这话的时候，我看到章程的眼睛闪了一下。

"那我们来看看如何在深耕细作中积累价值吧！"章程有了新的提议。

经过一段时间的讨论，我们最后拟定了一个工作计划，在平时的工作，章程会注意两点：

第一是充分授权，把自己已经熟悉的工作尽量授权给同事，给自己留出空间，一边可以让自己做更多拓展，一边可以提升自己带人的能力。人们不愿意这么做，是因为越是熟悉的工作越能带来掌控感。与此同时，职业价值也会在熟悉感中逐渐降低。还有的时候，人们不会这么做，那是因为不会带人，时间久了，就只能让自己的技术水平越来越强，而选择的可能性却越来越少。学会充分授权，学会有效授权，这本身就是提升领导力的好方式。

第二是创造突破的机会，拓展、提升自己。授权之后，留出的空间，就要用新的突破来填充，让自己可以琢磨更多工作上的创新和发展。把看似平淡的工作做得更加精彩，主动申请更有挑战的工作。这些都是可以积累的价值。同时，这也能给自己创造更多体验的机会，好让自己在一次次突破和尝试中发现自己究竟"更适合"以什么方式发展。

分析之后，章程感慨道："原来，我想要的，就是一个安心啊。我其实也知道，职业发展中的很多不确定因素，不是个人所能左右的，我也知道，一个人要想有更大的发展，就得不断积累自己的价值。但我还是忽略了关键的一点：只有不断突破，才是自己能左右的。我不再纠结了，说来说去，绕了一个大圈子，我还是需要更踏实，更用心。只不过，现在的我，和咨询之前不一样的是：抬头看路之后，不再焦虑了。我知道路在脚下。"

半年后，章程出现在我的课堂上，看到我，他上来打招呼："赵老师，我已经开始关注团队的管理了，我发现，个人的生涯发展是每一个管理者都需要关注的。个人的生涯发展搞明白了，对于组织发展很有价值，这是一件双赢的事。我是深有体会啊，所以，我来向您学习。"

看来，章程找到属于自己的路径了。

【拐角看见】

选择技术路线还是管理路线的纠结，其实是对未来发展方向的纠结。对于未来方向的判断，我们可以回顾过去，梳理资源；可以朝向未来，畅想自己的追求；可以向内，分析天赋与热爱；可以向外，基于别人的经验，看看可能的价值。然而，不管如何分析，我们都需要直面一种不确定的未来，以及由此带来的对于确定性的纠结。

很多时候，我们的纠结源于我们对未来的焦虑和假想目标的难以取舍，这样的纠结也源于没有足够的资源和能力去做判断，解决这种纠结的方法就是：先把路走出来，目标自然就确定了。

医学博士的尴尬与意外

换工作、跳槽，对于职场人来说，司空见惯。在原有职业进入瓶颈，到了平台期，找到生涯发展的第二曲线，平稳过渡，也是很多人在四十岁之后的选择。遇到自己喜欢的工作，发展为兼职，甚至成为第二职业，也是很多人的期待。

可是，一个发展稳定的职业，一个高门槛、高壁垒的领域，一份大家都很看好的工作，如果这样的人也想要转型，是不是会让人有点意外呢？内科医生想要转型做心理咨询师，通讯工程师想要转型做 HR，金融操盘手想去当作家，在我的咨询室里，这样的案例也并不少见。

其中，医生、护士是来找我做咨询的一类典型职业。在高考志愿填报的时候，有的家长看到了白衣天使受人尊敬，看到了收入稳定，可是却没有看到，医生或许不是孩子自己喜欢的工作，没有看到这是一个需要拼命学习，持续读书，坐冷板凳的职业，进来很难，想要转型也是很难的。

正宇就是这样的情况。医学博士，毕业后做了两年医生，学历高、职业好，三甲医院就职，足够让别人羡慕的了。但我从他那里听到的，却都是抱怨：太辛苦了，各种加班，特别是在急诊科，经常需要连轴转。原本热爱学习，喜欢做研究的他，现在连坐诊看病的时间都不够，更没有时间静下来读书。而职业回馈也不像很多人以为的那么好。同时，还要承受巨大的压力，面临微妙的医患关系……

我想，作为医生，能找我来做咨询，说明他已经是经过深思熟虑，至少是反复纠结，不断挣扎过的了。

"赵老师，您就别再告诉我如何调整状态，如何适应现在的工作了。"果然，正宇非常果断，"我能抽时间来找您咨询，也不容易。在来之前，我已经反复思考过了。现在的状态，对于我来说，是备受煎熬。如果能适应，我早就适应了。其实，说实话，我适应得还不错。只是，我越来越发现，我的兴趣不在当医生上，这个职业让我体会不到满足感。"

正宇非常坚决地说："不瞒您说，我做了不少功课，自学了一些职业规划的书，不过有些道理似乎能懂，但不会应用，自己的事情想不明白。我来找您咨询，就是希望看看有什么办法可以使自己顺利地切换出去，跨行转型。这种可能性到底有多大？如果最后确认真的不行，那我也就死心了。"

看来，转行，是正宇现在最主要的诉求了。他找到我，肯定不是让我指一条"明路"这么简单，我需要做的，就是顺着"转行"这个诉求，把来龙去脉帮他梳理明白。

"你对职业的不满，我大概了解了。其实，这只是一个职业的部分特征而已。你比我更清楚，做医生的，拿到副高以上职称，工作就会轻松一些，价值感也会更强，这又是一个越老越吃香的职业。你在这条职业道路上已经做了足够多的储备，可以说，如果转行，沉没成本挺大的。那么，是什么原因让你下了这么大的决心呢？"

"是的，赵老师，您说的都对。这也正是我纠结的地方。"此时的正宇，沉下气来，慢慢地描述起来。

"一方面，我之前做得一直都不错。不仅学历高，而且工作方面也做得挺好，业务水平得到了同事、患者的一致好评。但另一方面，偶然的机会，我接触到了医疗管理咨询，立刻就喜欢上了。对我来说，这是一个让我既兴奋，又有些迷茫的可能性。"

"为什么兴奋？又为何迷茫呢？"我问他。

"因为这个领域涉及管理，对于行业的洞察，对于市场的判断，对于人性的理解。我一接触就喜欢上了，怎么说呢，如果说做医生是谋生，那做管理咨询，对我来说，就是事业。"正宇说，"而迷茫呢？是因为我毕竟只是凭着感觉认为自己喜欢这样的事情，但是具体到工作上，风险有多大，有没有适合我切入的时机，我怎么切入才能把之前的资源整合进来，这些我都不清楚。"

正宇说出了转行者的尴尬。原来的职业对自己来说似鸡肋，食之无味，弃之可惜。可能的职业又像雾里看花，好像挺美，毕竟模糊。

"就你所知道的，医生和医疗管理咨询之间有什么关系？"

"关系还挺密切的。目前国内的很多医院管理都很薄弱，各个科室的管理都是由专家来做，他们缺乏管理经验，一般都是凭借着业务经验做管理。所以，做医疗管理咨询，了解医院的基本情况，可以和医生有相通的话语系统，这肯定是个优势吧。当然，医疗管理咨询，毕竟是管理咨询，需要懂很多管理的知识，比如人力资源、运营、营销等，这都是一般医生不具备的。"

看来，正宇做了很多的功课。

"如果设定一个期限，在这个期限内，你可以实现顺利转行，有更好的发展，多长时间是你所能接受的？"

"三年吧。"说完这句话，正宇忽然眼前一亮，似乎看到了什么希望。

"你刚才也说到了目前职业与理想职业之间的关系。你的迷茫，其实也就集中在二者之间的差距上。你需要花时间去了解，去探索，去积累。这个过程没有人能代替，也没有人能承诺。就像你之前选择读医学专业，选择做医生一样，别人看着都不错，你博士毕业了，发现自己并不那么热爱。"

我继续说道："我理解，你或许会想，'我也没有太多的要求，我只想知道那是不是真的适合我，别再做错了选择，我只想知道什么时候转行比较好，别浪费了资源。'其实，这只是在错误地追求确定性而已。准确地说，只是想让自己心安。因为即便不知道是否适合，你要做的事情也不一定就会有什么损失。即便现在不知道什么时候转行最好，也不一定影响你在恰当时机转行。"

看到正宇有点困惑，我尽量说得具体一些："你看，你现在也知道，即便给你一个医疗管理咨询的职位，你或许也做不来，为什么？因为你缺乏相关的知识储备，缺乏管理经验，缺乏咨询经验。这些不足，有些需要进入一个职业之后才能获得，有些现在就可以做一些积累。另外，从雇主的角度看，他看到的是'现在的你'，一个不喜欢做医生的医学博士，对于一个管理咨询顾问岗位来说，价值并不匹配。所以，即便是一个专业人士也不能告诉你，你什么时候转行最好。所以，你要做的，就是瞄准目标，提升自己的价值，让自己与理想职业更为匹配。越匹配，那个最好的时机越容易出现。"

"所以，这三年时间，我可以学习一些管理的知识先做着储备。是这样的吗？"正宇已经把关注点的频道调整到了计划上，而不再纠结于是先定好目标还是先行动了。

"是的，我刚才问你可以接受的转行期时间就是这个意思。我在帮你找到一个你能够接受的确定性。转行不是读书拿学位，没有明确的目标，没有清晰的毕业标准。反倒更像是一个阶段跑，跑到一个节点，才会给你下一个阶段的地图。这和你在学校读书的时候，从上小学就知道如何读博士是不一样的玩法。不过有一点是可以确定的，那就是一旦确定了方向，就要开跑了。你需要关注目前状况和理想职业之间内核的差异，然后设定时间，开始准备。"

正宇点点头："还真是这么回事。这么说，我就不那么着急了。我之前总是觉得现在的工作再也做不来了，特别是一旦想到了管理咨询，心里就像是百爪挠心，想冲出去，又不踏实。虽然感兴趣，又怕走错路，有闪失。差点就要找大仙算命了。"他开玩笑地说。

"不过，我还是有顾虑，"正宇把身体靠在了椅背上，说，

"我就这么等着吗？虽然说，平时需要做积累，需要学习，但是，这样的学习会很盲目吧？也没有什么目标，三年时间到了，我又凭什么做决策呢？"

咨询在一步步推进。

"是的，你的担心很对，三年时间，并不是看书等着，这就是我们接下来要说的有效准备了。"我拿出白纸，一边写写画画，一边讲，"刚才说了，我们需要站在未来雇主的角度来看。你觉得，一个医学博士来应聘管理咨询顾问的职位，最好需要具备什么条件？"

"要能证明其有管理经验，比如做过科室主任；最好有相关学历背景，比如 MBA；最好能有管理咨询的经验，这个是我的卡点，我最担心的就是从头开始，然后发现自己不行，这样就很难回得来了。"正宇再一次将自己的纠结具体化了。

"那我们就绕开那个可能的风险，看看还有没有别的路径。"

"我似乎想不到了。"正宇摊了摊手。

"你有医学方面的学历，也有医院工作的经验。现在缺的是，管理咨询所需要的知识储备和相关的工作经验。如果你只是本科毕业，大可以从应聘助理开始做，慢慢来。如果确定积累三年后，就能做得很好，你也能够接受。目前最担心的就是，辞了这边的工作，切换了赛道，从零开始，做了一段时间，发现自己可能不喜欢，可能做不到的时候，再回来，就难了。"

"是的，终于把这个卡点找到了，之前总觉得不对劲，总想找到确定性，原来卡在了这里。"

"那有没有可能把知识储备与经验积累结合在一起，把转换的决策点推后，降低转行的决策风险呢？"我提出问题。

"具体可以怎么做？"

"你看，在应聘的时候，经验的显性化呈现，是之前做过的项目。而隐形呈现呢？换言之，如果只是具备潜力呢，那怎么看出来？潜力的呈现是需要有人推荐的，也就是说需要有背书，这就需要融入一个圈子。把这一点和知识储备结合在一起，目标就出现了。"

正宇兴奋地说："对！我可以去读一个 MBA，看看有没有医疗管理方向的，或者哪所大学的校友有这方面的背景。或许读书期间，我就可以参与一些项目，到那时候，我就更有把握了。"

是的，读书不只是为了学习知识。一个人转行，最需要的不是知识储备，而是要融入一个圈子。最大的障碍也不是缺乏经验，而是循序渐进的路径。最担心的也不应该是如何发挥之前的优势，而是如何迅速通过初始积累期。

接下来，我就和正宇一起，制订了下一步计划：检索信息，准备 MBA 考试。收集更多医疗管理咨询方面的信息，找机会去拜访，了解对方的需求，有的放矢地准备。收集相关的行业内信息，不管是培训，还是行业论坛，有机会就争取参加，以便了解更多的信息。找到之前的校友，打听有没有人在做这方面的事情。

"这下就踏实了。"正宇舒了一口气，"看来还需要做大量的信息收集工作。"

"在收集信息的过程中，你的新计划就会出现。当然，也可能有新的纠结，那我们就再约咨询吧。"

"感谢赵老师。我觉得此时的我有点像电影《肖申克的救赎》里的安迪。不再焦虑，不再纠结，非常坚定，剩下的就是行动了。"正宇自己总结道。

回去以后，正宇给我发了一条信息："赵老师，我发现冯唐原来也是医学博士，后来去了麦肯锡，我准备把他作为我的榜样。"

【拐角看见】

职场中经常有这样的困境：我们能做的不多，可以改变的很少，期待转行，既担心前途未卜，又纠结沉没成本。这样的困境让一些人如坐针毡，如处牢笼，总在想，有什么办法可以"越狱"？

脱离职场困境的思路：

1. 停止抱怨，尽管你抱怨的内容无比正确，但是抱怨对结果往往于事无补。即便将来可能做完全不同的方向，在做出新的决策之前，认真做事，就是最好的选择。

2. 前途不明朗的时候，收集信息，进行探索，就是在积累手中的筹码，如果期待别人给门外的你一张明确的路线图，那说明你还没有真正走进职场人的世界。

3. 进入一个新领域的时候，先问问守门人，门票怎么卖。不要一厢情愿地做准备，也不要盲目地否定自己。

4. 进入圈子，是为了能够更容易买到门票。毕竟，进入行业的门票，不是明码标价就能买到的。能力与机会，经验与背书，都很重要。

5. 抓住机会，验证实力，成功"越狱"。

6. 有可能的话，总结教训，下次不再掉入困境。

职场女白领的创业梦

梦想永远都是稀缺资源。有些人没有梦想，那是因为从小被嘲笑过、打击过，再也不敢生出梦想。有些人分不清梦想和幻想的区别，整天做白日梦，却从来不行动。还有些人把欲望当成梦想，迷失在与别人的比较之中，活在别人的评价之下。

梦想是一种能力，从产生梦想，到确认梦想，保护梦想，一次次践行梦想，都需要反复训练。芮丽就是来找梦想的。

芮丽，女，35 岁，曾经在通信行业做过大客户销售，也做过 HR，来找我做咨询的时候，刚刚离职。在"期待解决的困惑"一栏，也写得非常明确：我想去创业，请老师帮我分析分析可行性。

我大概明白了，凡是想要创业的人，一般都有着强烈的成就动机，但与此同时，面对可能的风险，又需要有人通过客观分析，来支持其决策，以获得安心。我好奇的是，是什么动机让她想要创业呢？她又做好了什么准备？

见到芮丽，和我想象的不太一样，温文尔雅，细声细语，完全没有想象中做销售或者 HR 的那种热烈。看得出来，芮丽还是一个注重生活品质的人，保养得很好，穿着也得体。

"我看到，你来咨询的目的，是要分析创业可行性。那我们就从上一份工作聊起吧。我特别好奇的是，是什么原因让你放弃了一份收入还不错的工作，准备去做有难度、有风险的创业呢？"我很直接地开始了。

"别看我年龄不大，却也是职场老兵了，销售做了 8 年，HR 做了 5 年，业务很熟悉了，业绩也还不错。但是，与此同时，我也慢慢感到了厌倦，因为工作没有了新意，我就会感觉自己像一个只会工作的机器。其实，并不是工作不好，只是，我总觉得自己的人生还可以更精彩。"芮丽的思路非常清晰。

"看来，你对自己已经有规划了？"

"我想创业。和朋友一起做一个管理咨询公司，主要做企业需要的管理咨询和销售培训。内容没问题，我们只做我们能做得来的，以我们之前积累的资源来看，也会有不少的客户。"

"还有什么担心呢？"我看到芮丽有点欲言又止。

"说起来，好像没有什么可担心的。不过，我就是觉得心里不踏实。万事俱备，又总觉得缺点什么。动力满满，又有点害怕担心。"芮丽说，自己也有点搞不清楚了。

我也很理解芮丽的感受。追求梦想时，往往会面临两种情况：一种是有明确的目标和愿景，而且特别强烈。这样的梦想往往志在必得。另一种是"逃避型"的梦想，因为不喜欢某种职业或者生活方式，而选择逃避，或退出一种"游戏"，想要通过某种并没有想好的"梦想"来安慰自己。或许，芮丽就是在这两种情况之间徘徊吧，她不确认自己是真的有梦想，还只是单纯地在逃避。

"那我们一起来看看你的这个创业想法吧。你是从什么时候开始想到要创业的？"

"几年前吧，其实当我刚工作，最开始接触培训的时候，就有这样的想法。我发现：原来自己在实践中一直摸索的方法，早就有人总结出来了，通过培训，一个销售可以获得快速成长。后来，我发现培训师讲的也未必都对，我在实践中可以总结出来一套更实用的方法。于是就在带团队的时候应用，发现非常有效。从此以后，我就特别喜欢和别人分享，从中，可以感受到非常多快乐。"芮丽继续说。

"从那以后，我就把重心转向了带团队。但是尴尬也随之而来，在公司内工作，总会感到一些限制。我自己学的课程越多，就越想创造更多的机会去实践。慢慢地，就有了自己转行专门做培训师的想法。只是，这个想法一直都不成熟，也没想到要创业。对于我来说，只做培训师，似乎还不能吸引我。"说到这里，芮丽似乎想到了什么，"对，这或许就是我还不够坚定的原因吧。"

我问她的问题，竟然把她问住了。可见，那些犹豫、纠结一直都在。我尝试着，和她一起看看，内心的那个小火苗是什么样子的。

"不管是销售、管理，还是培训、分享，指导别人，在这些过程中，让你最享受的时刻是什么？"

"就是在工作中充满智慧，感受到脑力激荡。"芮丽脱口而出。

　　"那让我们抛开所有现成的选项，去想一想，如果不受目前职业选择的限制，有一份你特别满意的工作，这样的工作会是什么样的？"

　　芮丽沉思了一下，说："如果理想的话，我的工作应该是分成三份的。一份是学习，不管是读书，还是听课，与智慧的大脑连接，让我更智慧；一份是支持别人，我就像一个可以加工知识、创造新智慧的中枢，连接智慧后再去辅导、支持别人；还有一份是思考，我可以沉淀下来，不断消化，再次创造。"

　　"如果要从这份工作的三个部分中找到一个核心的关键词，那会是什么？"

　　"智慧。"

　　"对于你来说，智慧是什么？是工作方式，还是追求状态，或者是其他的？"

　　芮丽又陷入了沉思，看来，我提示的，都不是她想要的答案。忽然，她像是想到了什么："是梦想！智慧是我的梦想！"

　　好神奇的一个答案。我静静地看着她，期待她继续讲下去。

　　"是的，智慧是我的梦想。"芮丽很坚定地说，"从小，我就想做科学家，学习成绩也不错。上大学的时候，听了别人的意见，学了商科。然后，也就很自然地做了销售。一直以来都还挺顺利的，发展也不错。只不过，越是如此，我越是对自己的梦想有期待。想想看，我也不是非要冒险，也不是一定要有更高的收入，我只是喜欢那种与智慧连接的感觉。"

　　"如果有一些工作的形式可以承载你所期待的这种智慧梦想，

那会是怎样的呢？"我想，可以帮她落地了。

"这个问题好。我想，我现在所喜欢的智慧，和小时候的'科学家'梦想已经不一样了，可能是经过了大学专业训练的原因，我现在更喜欢的是社会、企业、组织、个人发展视角下的智慧。比如，通过帮助个人，激发他们的内在动力，帮助他们扫除认知障碍，从而取得更好的业绩，实现更好的发展。再比如，通过诊断，给企业提供建议，给企业带来价值。就拿创业来说吧，我也特别期待通过亲自下水体验一下作为需要独立负责的创业者，如何面对各种可能性。"

"收入、风险、发展，这些你是如何考虑的呢？"

"其实，通过刚才的梳理，我觉得，这些都不是我最想考虑的因素。"芮丽似乎有点放松了，身体往后靠了靠，"准确地说，我也并不担心这些。大不了，从头开始。"

"看来，你已经有了自己的想法。"我点点头，"那就回过头来，说说看，你对于创业是怎么看的？"

"创业是我的一块试验田吧。"芮丽做了一个有趣的比喻，"我可以把之前想尝试的种种想法都放在创业里来试一试，这样就突破了我之前在职场上感到的束缚。我可以支持个人成长，做成长导师，也可以做企业顾问，给中小企业提供支持，还可以在其中找到其他机会，做天使投资人，尝试投资有价值的项目，支持创业者。是的，我找到了那个让我有些兴奋的点！"

"对于风险呢，我们都知道，创业的风险比较大，虽然这不是选择时首先考虑的因素，但在现实的创业计划中，你又是如何考虑的？"

"有两个保障吧。一个是业务保障，现有的客户和业务足够支持生存，只要不太折腾，就有能力活下来。另一个是伙伴保障，我有一个特别好的朋友，我们一起创业，她属于保守型的，我来做专业研发，她来负责业务拓展和后台维护。我们谈好了分工，权责利益的划分也十分明确，我想，应该就没有问题了。"看来，她是胸有成竹。

"未来的发展呢，如果你给自己一个美好的未来，而这次创业只是通往未来的第一步，那接下来，会有怎样的期待呢？"

"或许，我会成为一个专家，或许，我会成为一个企业家，或许，我会成为一个人生导师，像您一样。"芮丽一边说，一边开心地笑了起来，"谁知道呢？给梦想留点空间吧。"

"你对梦想怎么看？"我特别好奇。

"我很幸运，一直以来都有父母支持我的梦想。小时候，我想要做什么，爸爸妈妈都会鼓励我尝试。后来，上了大学，不知道是对于梦想考虑得少了，还是学业的压力越来越大了，我反倒很少考虑梦想了。今天的咨询，让我重新燃起了对梦想的渴望。"

因为被安排，被驱动，被诱惑，被逼迫，我们经常徘徊在生存线左右，内心制造出来的恐慌与焦虑会让人自我保护地陷入无意识的洪流之中。一旦有机会面对内心的时候，就会产生倦怠感、空虚感。只有认知提升了，生存空间变大了，梦想出现了，内在的动力才会被激发出来。

芮丽的咨询很顺利，一旦找到了梦想，接下来的计划很容易就制订出来了。

结束的时候，芮丽突然问道："我一直都有一个想法，我想环球旅行。现在我辞职了，赵老师，你觉得我可以去吗？"

"说说你的想法。"

听完我才知道，环球旅行是芮丽十年前的梦想，彼时受制于经济条件不好，受制于时间不自由，如今这些都有了，在梦想的激发下，她特别想"疯"一把。

"那就开始吧！"我鼓励道，"把这次尝试当作你重启梦想的第一步吧。"

一个月后，我收到了芮丽的一封邮件：

赵昂老师：

非常感谢你为我做的咨询。上次一个半小时的咨询让我清晰而兴奋地摸到了自己的梦想。我已经做好准备为梦想奋斗了！

这几天，我一直想着你告诉我的：梦想的实现并不困难，只要准备好了，就为自己出发吧。于是，我就办了签证，并且订了机票，我准备从东南亚开始，从走出国门开始，开启我为期半年的环球旅行。

附件里，我把自己的旅游计划列了出来，并且希望在旅途中提升自我，获得成长，为未来自己的职业梦想做准备。

我很希望得到您的持续支持，我们可以通过网络进行后续的咨询。感谢您带我叩响了梦想之门。现在的我，安心而喜悦，对未来充满憧憬和向往。

芮丽

看到这封邮件，我笑了，我知道，没有什么比迈出第一步更接近梦想了。在给芮丽回复的邮件里，我提出了一些问题供她思考，关于创业中的资源整合，关于赛道转换的考虑。末了，我这样写道：

很幸运，你是一个有梦想的人。

梦想会光顾每一个人，只有勇敢的人才会抓住那稍纵即逝的光芒，只有智慧的人才会叩问自己内心的声音。梦想之路从来都不好走，只有兼具了勇敢和智慧的人才会迈开大步，追求梦想，了无羁绊。

生命，在追求一个个梦想的过程中得以绽放。很幸运，我陪你走了这一段。

【拐角看见】

梦想是一颗种子，需要小心呵护，才会落地生根；需要不断滋养，才能破土发芽；需要精心培植，才能茁壮成长。一旦长大，梦想就会拥有强大的生命力，长成参天大树，开枝散叶，开花结果。

【突破职业发展困局的方法】

从自己的优秀品质出发，在自己的视野范围内看看具备这样品质的人都在做什么，其中有谁可以成为自己的目标	
从目标和期待出发，在职业价值呈现上，看看自己的差距在哪里	
如何才能证明自己的职业价值	
储备价值计划	
验证价值计划	

【转行选项分析】

1. 先写下自己在新的生涯阶段要追求的价值。

2. 根据选项，进行细致分析。

选项	可以满足的价值（对照自己追求的价值）	转行需要花费的成本（考虑到金钱、时间、关注度，同时还有失去的机会）	可能的风险（影响转行成功的可能事件以及概率）	综 合（进行综合评分）
1				
2				
3				

【寻找梦想】

如果梦想久未光顾你的生活，你不妨问自己一些问题：

1. 你的内心是否感到喜悦幸福？如果是，那是因为什么？

2. 你是否特别愿意为一些事情努力投入，不求结果，是否愿意做一些尝试，不管成败？如果是，那是什么？

3. 你是否对一些事情心心念念，看这方面的书，了解这方面的人，想要融入其中？如果是，那是什么？

4. 你是否听到过一些内心的召唤，感觉这就是自己的使命，或者你就是做这件事的料？如果是，那是什么？

5. 如果以上都没有，那你有焦虑吗？有哀怨吗？有后悔和遗憾吗？如果有，那是因为什么？如果可以在未来扳回一局，如果可以在未来创造美好，那又是什么？

3

解锁心智模式
打开更多可能

　　人生经常被贪婪、焦虑、自卑、恐惧锁定，每一把锁后面，都有一种习以为常的心智模式，而钥匙，就在我们自己手里。

逼出纠结背后的贪心

做选择，是一件让很多人纠结到痛苦的事情。之所以纠结，就是看 A 不错，看 B 也挺好。或者是 A 有瑕疵，B 也不完美。总会幻想着：如果有 C 该多好啊。

周翔就是带着这样的选择困惑来找我做咨询的。看名字分不出男女，她 30 岁出头，是一个孩子的母亲，举止优雅，衣着得体，看得出养尊处优。摆在她面前的，是一个让她纠结的职业选择问题。

在咨询之前，我先了解了她的基本情况：

大学毕业之后，一直在同一家外贸公司工作，工作内容不复杂，待遇也不错，拥有一份让人羡慕的工作。于是，结婚生子，家庭幸福，工作顺利。

没想到，生涯无常突然发生。受全球经济形势影响，老板突然宣布，公司即将被收购，部门重组，大半员工要离职。虽然自己不在第一批裁员之列，但这是早晚的事。何去何从，一下子变成了严峻的问题。

虽然周翔之前有好几次都考虑过离职，想要另寻出路，但是从来没有真正实施过。之前想离职，是因为工作太过安稳，有的时候会让她觉得心虚。而最终放弃呢，又担心自己很难适应更为激烈的竞争。这下好了，即将被裁员，只能逼着自己找出路。

出路还是有的：一条出路就是从事与原来内容相近的工作，比如去其他的外贸公司。这样的机会也有，不过，因为整体形势不太好，所以，即便找到了，可能也要降薪入职。另一个出路就是有朋友推荐的一些机会。其中，有一个机会是周翔特别感兴趣的，去一家培训公司做人事管理。

"这两份工作似乎不相关呢？"我有点疑惑地看着她，希望能从她的答案中找出纠结的原因。

"是不相关，不过，这不都是机会吗？"周翔的回答很模糊。

原来，因为本来的工作发展缓慢，周翔希望自己有更多的成长，于是在业余时间，就参加了不少培训，从专业技能到管理能力，从生活艺术到身心成长。按她的话说，把挣来的钱都"投资自己"了。在这个过程中，因为和培训公司接触得多，她就尝试着做志愿者，或者做兼职，一来二去，就结识了不少培训圈的人。听说她有求职意向，有好几家公司都向她抛来了橄榄枝。

"那你对培训公司的工作感兴趣的原因是什么呢？"离开原有的发展轨迹，一定是新的选择有更大的吸引力。于是，我继续探索。

"有成长吧。"周翔想了想，笑着说，"在培训公司，至少有不少听课的机会，以前我就是这么想的。不过，你现在问起来，我倒是还真得算一笔账，省下来的学费够不够我的薪水。"

看来，周翔对于培训公司的工作更多的是凭感觉，一种"成长感"，这种成长感还需要进一步搞清楚。于是，我问道："这几年，估计你也习惯了利用业余时间参加培训。那么，除了学习之外呢，这份工作吸引你的地方还有什么？"

周翔认真地想了想，说："工作环境吧，周围的同事都很和善，彼此比较包容，接触的客户也都很有素质。有些培训面向的就是一些高管、企业家，我相信从他们身上，我也可以有所收获。"

"看上去，你还蛮倾向于选择这份工作的，那还有什么可纠结的呢？"我想，如果选择轻而易举的话，她也不必来找我做咨询了，那就从另外一边轻推一把，让她寻找顾虑所在。

"这份工作薪水不高，只有现在收入的一半，在外贸领域，即便我换家公司，降薪入职，也比这个薪水高。"周翔谈到了自己的考虑，"另外，我又担心，完全换了一个行业，职业的延续性没有了，万一做不下去怎么办？总能再换吧？"看来面对职业调整，她还担心不确定性。

"是的，换了一份工作，同事换了，工作内容换了，一切都需要重新开始，这也是需要考虑的转换成本。"我很理解这种担心，"那我们换个角度来看看，你对自己的职业生涯发展有什么期待？"

这个问题把周翔引向了未来，她抬起了头，似乎在注视着远方，沉思了一会儿，说："我想要一种稳定而缓慢生长的生活。没有太高的追求，不指望在激烈的职场竞争中取胜，但是希望能够有内在的、真实的宁静。同时，我希望自己是一个有价值的人，而且在不断升值，不会被别人嫌弃，不会找不到工作。而工作本身，我又希望能够有趣，自己会享受做这份工作。"

看她停了下来，我接上说："稳定、成长、有趣。可以总结你描述的这种状态吗？"周翔点了点头。我接着问："如果发展好的话，那目前哪个选择可以满足你对未来的这种期待呢？"

"好像都不行。"周翔的回答似乎让我们两个都有点吃惊，"在外贸行业里继续做，好像是稳定了，但是缺少成长，也不太有趣；进入培训公司，好像是有成长，也有趣，但这似乎又是暂时的。我其实很难想象，一直做下去会怎样，毕竟如果不做培训，很难成为核心人员。"看来，这才是让周翔纠结的原因。

"我们反过来说，对当下的你而言，你对一份工作的要求是怎样的？"生涯发展是阶段性的，不同阶段有不同的价值追求，既要展望未来，又要兼顾当下。若展望未来时找不到路径，那往往是因为储备不足。此时，不妨看看当下的期待。

"您问到关键点了。"看得出来，周翔开始焦虑了，"展望未来的时候，我很容易'跳戏'，因为我总会被当下的情况困扰。目前来看，我最希望自己能够先找到一份稳定点的工作，踏踏实实的，有所发展。"

"你的'有所发展'，指的是什么？"这是一个需要澄清的概念。

"有升职空间，未来的报酬还不错，能力也可以得到不断提升。"周翔显然对自己当下的期待特别明确。

"那这些期待和你对未来的期待之间，有什么关系呢？稳定、成长、有趣。"我指了指记录纸上的内容。

"路径关系吧。如果没有现在的发展，未来也就不大可能稳定和有趣，成长是必需的，但是能力提升方面的成长，又不像是我原来以为的那种，还是需要与职业发展联系起来的。"慢慢地，周翔像是明白了什么，"赵老师，还有没有别的可能性呢？"

"比如呢？"我并不知道她说的"可能性"指的是什么。

"比如，不那么辛苦的……"说到这里，周翔自己似乎发现了什么，神色黯然，"应该也没有吧。我现在特别后悔，这些年为什么没有很努力，到现在，竟然陷入了难以求职的尴尬境地。"

"如果努力了，会怎么样呢？"后悔肯定不能解决问题，我要帮周翔找到当下可以开始的行动。

"如果努力了，就不再是只做一些简单业务了，我做的是跟单的工作，这个工作其实大有可为。既要懂得国际贸易的商业、法律、财务等知识，还要善于沟通，英语要好，要熟悉生产的全流程。我是外语专业毕业的，本来也算是专业对口，可就是缺乏那股闯劲，工作只愿意做简单的。时间长了，别的同事越做越好，可以独当一面，我却并没有什么发展。"周翔依然是在后悔，可是我听出来了，当初，她是在逃避挑战，现在，她是在逃避面对。

"看来，跟单员还是有发展的。如果现在有这样的机会，你愿不愿意接受挑战呢？"

"现在是不是有点晚了呢？别人都比我年轻，我再努力，还能拼得过别人吗？"周翔有了新的顾虑。

"如果你这么想，那恐怕你刚才说的，就有些言不由衷了。你想要的并不是发展，而是安逸。现在是安逸，未来也是安逸。"我看到了周翔身体一颤，"那你必须认真看一看你有什么资源可以让你获得这种安逸，资源匹配，我们再来寻找选项，如果没有足够的资源，恐怕这个'安逸'就要舍弃了。"

周翔沉默了。

在现实中，占有是本能，而放弃则需要智慧。

"那我现在努力的话，还有希望吗？"周翔犹豫了一下，说，"如果我也不追求做得那么好，是不是还来得及？"

我笑了，说："当你给自己调整目标的时候，其实就是在盘点着自己的资源。你现在的年龄肯定不如五年前那么有优势，但如果具体到一个职位的发展上，这并不能说明现在发展就晚了。你需要做的是，瞄准一个职位，分析发展的要求，然后有的放矢地努力。以你对这个领域的熟悉程度，肯努力的话，可能两三年就赶上来了。"

听了这话，周翔明显有了信心："这么说，那个培训公司的职位，就不用考虑了吧？"

"这个要你自己做决策了。你刚才说过，培训公司要做培训才算核心职位。任何一个领域都是核心职位才有更大的发展空间。你也可以以培训师、某领域专家为目标职位，看看自己的距离。只有认真地进行分析，才不会停留在表面的虚幻泡沫中。"

"这么说来，我还是做外贸吧，毕竟更熟悉。"

我看出她还有些犹豫，就继续和她确认："你想要的能力提升可以获得吗？薪水报酬能达到预期吗？"

"做得好的话，没有问题。这里面学问可大了，就算是不独自创业，把一个领域做透了，独当一面，也可以活得很好。"周翔开始有了底气。

"这么看，稳定、成长也都能解决了，那你前面提到的有趣呢？"

"我想，这个有点难。做外贸还是蛮辛苦的，虽然可以了解不同的文化习俗，但是这并不是我想要的有趣。不过，话说回来，等职业发展得好了，有趣的事情，也不一定都要在职业内解决。咱也不能太贪心。"周翔自己道出了之前纠结的根本原因。

"我们来看看，从最开始咨询的时候，你特别纠结，不知道该如何选择。到现在，比较确定要选择之前的职业，继续努力做下去。这中间发生了什么？"我要带着周翔一起复盘。

"开始不知道如何选，主要是因为，只看到了原来职业不好的一面，其实是因为我能力不足，总想逃避。面对选项并不多的情况，想要的还挺多，这样选择起来，就比较难了。现在看来，不再贪心，就不再纠结了，也就安心了。好在，我还有希望，虽然看似努力得有点晚，但其实也不难。而且，这些年虽然没有在工作上太努力，我也没有闲着，一直在学习。我想，这些都会对我有用的。"

"是啊，纠结是一个机会，是一个可以认识自己的机会。当你明确了未来的期待，明确了当下阶段的期待，并且逼着自己对资源进行盘点之后，就可以根据资源做出选择了。而且，你发现了吗？你最终的选择，并不在你最初的选项里。"我这么说的时候，周翔稍微有点惊讶，"你看啊，在你最开始的选项中，只是找到一个没有什么新奇的外贸工作，是对原有职业的延续，是一份糊口的工作。而现在的选择呢？是你准备深耕拓展外贸工作。这份工作承载了你对于成长的期待，对于发展的期待，以及对于稳定的期待。"

"还真是的。我发现啊，越是能力不足，越是贪心。"

这次咨询之后，周翔再没找过我。在朋友圈里，我总会看到她晒出自己忙碌的身影，以及出差回来给家人带的礼物。

【拐角看见】

　　面对选择的纠结，一般要考量这么几个维度：

　　1. 叩问内心，看看自己所追求的价值究竟是什么；

　　2. 展望未来，自己期待的场景中，哪个选择更容易实现；

　　3. 看看当下，目前生涯阶段最在乎的是什么；

　　4. 盘点资源，利用手上的资源可以拿到什么。

　　然后把这些因素综合在一起考虑，用理性去做选择，再用感性努力去兼顾。

　　只是，不要忘记，时间是决定选择的重要维度，每个选择都有窗口期。有时转瞬即逝，来不及做选择，就有了结果；有时却要忍受纠结的痛苦，慢慢熬过无可奈何的时光。而一旦把选择权交给时间，就开始向命运缴械了，说到底，都是心无定见的逃避。

　　主动选择，确实不那么容易。正视纠结，是解决纠结的最重要一步。

你给自己戴上的枷锁，
大师也打不开

在我的来询者中，有一类来自体制内的"不安分者"。

他们身处学校、国企、机关和事业单位，往往进入这种稳定的庞大体制内工作多年，但是仍有各种"水土不服"：说自己不善交际、不会应酬；说状态忙忙碌碌、无所成就。与此同时，他们总还感觉自己有尚未发挥的能力，以及尚未展示的才能，耿耿于怀，心有不甘。

他们总想追求更大的空间，在体制内不能获得发展，就想跳出去另谋出路，可往往在此时又会纠结：外界的种种精彩，往往又处处暗藏险恶。不安于现状，又不敢跳出去，该怎么办呢？

高飞，男，29岁，南方某高校的一个辅导员。为了做咨询，专门乘飞机到北京。

咨询室里，刚坐下，高飞就说："赵昂老师啊，你一定得救救我啊，我在单位太难受了，工作毫无价值。我知道你是这个领域的专家，是大师了，你一定有办法的。"

听到他说"大师"，我立刻警惕起来，赶紧说："您可别这么说，我只是一个生涯咨询师，我们一起来看看您的职业困惑吧。"我的经验告诉我，有些来询者之所以上来就给咨询师戴上一顶高高的帽子，往往是因为他们想给自己无解的人生找一个替罪羊。一见面就称对方为"大师"的人，可能只会把自己当大师。

说起来，高飞也是一个人才，当年硕士一毕业就留校了。别看现在后悔了，当初可没这么想，工作稳定，社会地位高，工作环境好，还有两个假期，有继续深造的机会，这些优点，让早早确定了工作的高飞成了同学羡慕的对象。可是两三年过去了，这些优点又都变成了缺点：工作稳定变成了"一潭死水"；社会地位高变成了"徒有虚名"；工作环境好变成"加班多，烦琐事情多，价值不被认可"；学习机会也变得没意义了。

为什么会发生这么大的变化？难道是发生了什么事情？

"当初能够留校，也是同学中的佼佼者了吧？"听到我这个问题，高飞的神色有些得意，又有些失落。

"当时只看到好的方面了，留校指标少，争取到就不容易。我也是争强好胜，争到了，还觉得挺光荣，完全忽略了职业的另外一面。"高飞开始后悔了。

"当时没有找学长或者辅导员了解过吗？"

"聊是聊了，但当时就业情况也不好，我的同学们也没什么好的去处，一些来招聘的企业连名字都没听说过。我就想，好歹留在高校工作，还比较稳定，家里人也都觉得挺好。"看来，环境、时机、视野，都在那个节点影响了高飞的生涯决策。

"那么，现在为什么有了新的想法？"我问高飞。

"原来我以为，可以慢慢读博士，再转做专业教师，或许能得到领导的赏识。可是，现在呢？三年过去了，眼瞅着昔日的同学开始成为公司的骨干了，收入也早就是我的两倍了，我却依然还在做着小辅导员。"高飞开始了抱怨，"我也不是没有努力过，除了考博士，我还想过考公务员，想过创业。但是思来想去，总有担心，赵老师，你看我的路该怎么走呢？"

言谈之中，烦躁焦虑之情溢于言表。不过我听得出来，这些焦虑还是源于"比较"：和同学比较，和同龄人比较。当初，是因为"比较"好，所以，就留在了高校，现在，又是"比较"差，着急找路径。那么，他是否意识到，如果心中没有确定的追求，自己就不可能在"比较"中一直处于优势。

"那些去了一些不知名企业的同学，怎么只用了三年就发展得比你好了呢？"我好奇高飞是否关注到了表面之下的实质过程。

"企业是不那么知名，还是创业型企业，不过这两年赶上行业发展得好，迅速扩张，已经完成了两轮融资。因为我有几个同学都是第一批进公司的员工，现在都算元老了。薪水不错，还有一些原始股。"看来，高飞把这一切归因于运气了。

"当初你想要的稳定还在，社会地位还在，环境还在。你现在又看重收入。你是知道的，高校的收入不见得比外边企业的高，但胜在比较稳定。"

"这正是我纠结的。我也知道在企业里工作不容易，比如辛苦，有风险，不稳定。但是……"高飞诉说着自己的纠结。

"但是你还是很贪心，什么都想要？"我正视着高飞，一时间，惭愧、懊恼、愤怒，各种情绪集合在了他的脸上。

"这怎么能是贪心呢？我不过就是追求更好的发展嘛！"

"对你来说，如果留在高校，更好的发展是什么？"

"读了博士，转做专业教师，评上教授。"高飞说。

"这是你想要的吗？"

"还可以吧，就是考博士太辛苦了。"

"喏，你看，任何一个选择，都要考虑三件事：价值、成本、风险。从你所能看到的选项来看，如果你追求稳定价值，就需要花更多的时间去提升学历，去丰富经验，按照符合体制内的晋升规则来发展，时间成本比较高，风险虽有，但是不大。如果你要追求经济报酬，就需要快速提升职场技能，冒着各种不确定的风险，放弃对于稳定的追求。你会怎么选呢？"

"难道就不可以兼得吗？"

"可以兼得，只是需要的成本更高。比如，你成了教授，你的知识可以转化为更多价值。只是想要成为教授，需花费十多年。再比如，在企业里工作，成为核心员工或者独当一面，也不用担心企业裁员。只是，发展成为骨干，也需要十年八年。这并没有本质的区别，同时，在做选择的时候，你需要知道，不同职业有不同的发展节奏，你选择了一种职业，就要接受它的节奏，这样你才能谱出华丽的乐章。"

"你说的，我也明白。"高飞像是冷静了下来，又像是有些失望，"只是，如果继续读博士，就面临很多现实问题：考哪里的博士？读博士期间，职位是否还会保留？如果不保留职位，毕业是否还能进高校？"

"那如果去企业呢，是不是也有很多现实问题？"

"对呀对呀，我就是在考虑这件事，你看：行业如果不好怎么办？企业发展有问题怎么办？我如果不能迅速适应怎么办？我还不知道企业内的玩法，如果不能获得晋升怎么办？"

看来，高飞的症结在于对风险的担心。稳定的生活带给了他安全感，但同时也给他带来了枷锁：束缚他不敢前行的枷锁。这样的枷锁，已经不再是体制内发展的路径，也不是各种选项风险，而是他内心那个安全感。打开枷锁的唯一钥匙，就是放下幻想。

"看来，你已经有了非常深入的思考了，那么，你找我咨询的期待是什么呢？"

这个问题让高飞像是忽然被击中了一样，沉默了。

过了一会儿，高飞说："是啊，既然我什么都想明白了，找到大师又能怎样呢？谁也不可能代替我做这些事，这毕竟是我自己要面对的。或许，也是因为我从一毕业就留校工作，没有经历过外面的求职、面试、跳槽之类的折腾，心里就会有各种担心和害怕。"

"其实，即便有风险，也没什么大不了的。不必要求自己事事顺利，万无一失。就像码头上停靠了好多船，你想要从一艘跳到另外一艘上去，就要做好思想准备，总会有失足落水的时候，大不了再爬上来。关键是，你得会水。不要幻想着永远不掉进水里，这是你不能掌控的，你能掌控的是，自己会游泳的本领。否则，你带着'永不落水'的幻想，越是担心，越是容易落水。越是视落水如万劫不复，越是胆战心惊。一旦落水，就真的爬不上来了。"

"那我最该做的，其实是训练自己游泳的能力了？"

"游泳的能力会让你不再担心落水，这时，才能放下安全感的束缚，从容地穿梭在小船或大船之间，去往你要去的方向。同样地，在职场上，不管是什么类型的职场，你首先要做的，就是提升自己，然后再等待机会。相反，如果因为外界环境的变化而让你变得被动了，以为'稳定'意味着等待被安排，那可就错了。要知道，真正的安全感一直在自己手里。"

"或许真的是我太贪心了呢。"高飞长吁了一口气，"我还是应该老老实实地下功夫去准备考博士的事，虽然难，但是我目前的最佳路径吧。"

"可是，赵老师，您说，为什么人有时候会贪心呢？这件事能不能避免？"高飞提出了一个带有哲学意味的问题。

"在我看来，贪心不见得是坏事，它只是一种提醒。贪心会让人纠结，焦虑。一旦发现，我们就要知道，我们需要开始行动了。唯有行动，唯有提升自己，才能让自己拥有更多资源，才能距离期待近一点，才能发现，原来我们的贪心都是因为在'不明事理'的情况下做出的不能成立的假设。有了这样的发现，及时调整就好了。"

一个职业的特点往往带着不同的属性。稳定有稳定的好，也有稳定的遗憾。发展快有发展快的好，也有发展快的风险。在选择职业的时候，我们不仅要关注眼前，考虑当下，还要看得长远一点，看到更大的周期。

半年后，高飞告诉我，他已经报名博士研究生考试了。我回复他：祝你成功。

【拐角看见】

选职业就像选伴侣，你选择了最吸引人的一面，同时也要做好准备接纳最糟糕的一面。一份理想的职业是经营出来的，不是幻想出来的。你对一份职业足够喜欢，就要专注；你对一份职业足够讨厌，就要立刻转换。成本最高的就是骑墙，如果一个人把所有的精力投入在纠结上，这一生只会一事无成。

和焦虑有个约定

节奏快、压力大、不确定性、担忧未来，让现代职场人或多或少地都体验过焦虑的滋味。

虽因事实而起，但焦虑却只是一种情绪。是情绪，就会对人的状态产生影响，焦虑或许会激发人的进取心和行动力，但过度焦虑也可能会让人做出错误判断，自我否定，甚至可能自毁职业前程。

梦迪就是一个焦虑的女生，这在我见到她的时候，就大致能判断出来了：眉头紧锁，面部肌肉僵硬，虽然化了妆，但还是有刚刚冒出来的青春痘在添乱。我看过她的基本信息，拥有令同龄人羡慕的名校背景，毕业后就进入了知名企业，还是公司重点培养的管培生，工作两年的业绩考核都不错。看来，这很可能是一种"优秀的焦虑"。

"你来找我做咨询的期待是什么？"咨询开始的时候，我照常问出这个问题。

"我想请您指导我一下，该如何跳槽。"梦迪的问题有点奇怪。

"你是说，如何找到一个更适合你的职位吗？"我试图和她确认。

"算是吧。"梦迪的眼神有些失落。

"那你有什么期待呢？"

"压力小一些吧。"梦迪有点含糊地说。

"哪方面的压力呢？人际关系，工作难度，工作量，还是别的什么？"我猜，梦迪的期待一定和目前的工作有关系。

"其实，我也说不好。"梦迪果然在犹豫，"我只是想，好像这些方面都有压力，又都没有压力，换个地方，可能还是有压力。我也不知道到底是什么原因了。"

梦迪说得像绕口令。我继续和她确认："在一家行业顶尖的公司里做人力资源，用两年时间做到了主管，次次业绩考核都不错，将来可能很有发展空间。那么，是什么压力让你不愿面对，而选择离开呢？是企业的价值观与你的价值观不符吗？"我提供了一个可能性，等着她说出自己的想法。

"也不是，这份工作好是好，不过，我总感觉自己做不好。"

"这么说，你并不想跳槽。"听我这么说，梦迪一下愣住了，"你只是不知道如何处理压力。如果能让自己感觉'好'了，这或许还是一份不错的工作吧？"

"也是。"梦迪好像从自己编织的"压力大，做不好，要跳槽"的故事里转出来了。

"那我们就说说如何让工作的感觉更好。"我确认的眼神得到认可后，说，"还得从你感觉不好的事情说起，看看我们该如何调整。"

故事一。

　　公司组织大型中层培训，五个模块，连续三天，由梦迪具体负责协调。和各级进行沟通，培训时间确定，培训内容选择……反复开了几次会议，一切都按照既定计划顺利推进。然而，随着会期临近，梦迪却越来越焦虑。总觉得有什么事情没有考虑周全，或者有什么事还没有做好，这样的焦虑让她寝食难安。那段时间，梦迪经常失眠，有时候还会从噩梦中惊醒。

　　最后，培训如期举行。而最后的结果，也正如梦迪所预言的那样，总还是不那么完美，出现了几个纰漏。总结、复盘的时候，梦迪就在想："我怎么这么无能？"于是，就会更加焦虑，以致不敢再主动挑战独立负责一项工作了。

　　"看得出来，这件事，自始至终，你对自己的期待都是'完美'。"说这话的时候，我碰上了梦迪有点诧异的眼神，她似乎在说："难道不应该是这样吗？"我问她："对你来说，完美意味着什么？"

　　"意味着不出错啊，做到让领导满意，甚至是让领导惊喜。意味着把所有的细节都考虑进去，到时候，一切都会如预料的发生。"梦迪脱口而出，回答得特别轻松。

　　"包括预料到的错误吗？"听我这么问，梦迪有点错愕。

　　"你是知道的，任何事情，不管如何计划，总有可能出现一些纰漏。你甚至可以预料到这些，但就是不能接纳这样的情况发生。想想看，你不能接纳可能性发生，就是不愿接纳一个自己无法掌控的事实，其实是在和现实对抗。然后，反过来，再来批判自己。

"很多时候，你的焦虑，就是因为在做完了该做的事情之后，依然花了大量的精力去思考'万一'，考虑'错误'，一直在担心。此时的焦虑就像是一匹跟在你身后的狼，而你所有的担心就像是从你的背包里漏下来的肉，你在吸引着焦虑这匹狼不停地追你。你越是不安，焦虑就追得越紧，直到你什么事都做不了。

"心理学里面有个词，叫'目标颤抖'，指的就是太过于专注目标，反而做得不好，很可能失败。越想做好，越是焦虑，离目标就越远。你是要赶路的，而不是要和狼争斗的。"

"那要怎么做才能接纳呢？我觉得有点难，难以抑制地会有担心。"梦迪说出了自己的困惑。

"是的，接纳可能的错误、纰漏、失败，确实是一件难事。"我很理解她，"因为你此时可能会想到自己一直以来的卓越表现，想到领导的期待，想到未来的晋升……想到这些的时候，就无形中给自己设定了一个标准：不要出错。压力随之来了，焦虑也就来了。焦虑的声音盖住了对于现实理性的判断，你也就无法接纳了。"

"和自己做个小游戏吧。"我笑了笑，"准备一个小箱子，装饰一番，贴上一个标签——'焦虑箱'。你一旦想到什么让你焦虑的事情，就把它写在纸条上，然后塞进这个箱子里。每天，定时把这些纸条拿出来看，如果可以处理的，尽快处理，不能处理的，就放回去。留在箱子里的焦虑，和你无关。你要记得，这是你目前无法控制的因素，这是你生活的一部分。"

梦迪脸上露出了笑容："这个挺好玩，可以试试看。"

113

"事情过后，你可以再次打开这个箱子，看一看，哪些担心、焦虑的事情发生了，哪些并没有发生。如果发生了，你可以告诉自己，我是一个不错的预言家。如果没有发生，你就感恩生活送给你的礼物。"

说到最后的时候，梦迪简直要神采飞扬了。我提醒她，说下一个故事吧。

故事二。

公司年终总结会，梦迪参与其中，老板出于信任，把其中的培训环节交给她来安排。筹备会上，梦迪提出了一个非常有创意的方案，老板认为很好，很快通过，接下来就由她来负责具体执行了。

这是梦迪之前从未做过的事情，公司也没有先例，具体怎么搞能达到最好的效果，大家也都没有主意。最终，效果还不错，领导也满意，可是梦迪却病倒了，请了病假，整整休息了一周。

"这也是焦虑闹的。不过和第一件事不一样的是，做得还可以。虽然，也有各种担心，但结果倒是还可以。"梦迪说道。

"那你焦虑什么呢？"我好奇地问。

"也说不上焦虑什么，就是这件事，前前后后需要考虑的东西比较多。"梦迪像是想到了什么，"对了，因为想法比较有创意，大家都不会做，所以，基本都是我一个人完成的，之前至少会有两个人协作。这样的话，工作量加大了，也可能是焦虑的原因吧。"

"你有向团队申请支持吗？"

"创意是我提出来的，他们也没做过。"

"那就是说，你自己把事情都揽过来了？"

听出我问题的意思，梦迪说："也不是，我请求过帮助，但是同事自己说，他们也不知道该怎么做。领导就说，这件事我自己全权负责。"

"请求帮助的时候，你是怎么沟通的？"

"我把所有的计划都给领导看了，领导就说让我自己看着办。我把想法告诉同事了，他们还是说没做过。"

"那你想让他们给你什么支持呢？"

"开始的时候，我不知道该怎么做，也不知道同事可以怎么帮我。"梦迪似乎意识到了问题所在，"所以，后面我就不再请求支持了，自己做，把自己累病了。"

"有的时候，焦虑就是因为有实实在在的事情需要处理。可是，如果事情多到超出了自己的资源范围，比如时间不够，精力不允许，经验不足，那就要寻求系统的支持。在寻求系统支持之前，要知道自己在系统中的位置。

"在这件事中，你在系统中的位置非常重要，是经过授权的项目操盘者。在明确了这个位置之后，你就要知道，如果寻求支持，就要给出明确的求助信息，因为没有人会比你更清楚这件事该怎么做，虽然你也在探索中。"

"哦，我明白了。"梦迪抢着说，"如果要寻求领导支持，就要说明哪些地方需要领导拍板决定，哪些地方需要领导协调资源。如果要寻求同事支持，就要说明哪些地方希望他们来做什么，工作量是多大，和他们的工作关系是什么。这样就能争取到系统的力量了。"

"你看，如果一开始这么做的话，是不是就没有那么焦虑了？"

梦迪点头。

"不仅如此，家庭、社会也都是你所身处的系统。家人、朋友，也都可以为你提供资源。"我顿了顿，"有的时候，焦虑来自于自己的'幻想'，给自己设置了完成不了的目标。还有时候，焦虑是来自于拒绝资源，没有与系统更好地互动，扛下了过多的任务，负重前行，当然也会焦虑了。"

梦迪自己总结道："看来，这些都是庸人自扰啊。"说完自己笑了起来。

"再说说第三个故事？"

"不说了吧，也没什么新奇的了，用这两个思路就足以解决多数焦虑了。"梦迪说，"其实，放轻松了，想想看，我平时做得还不错。领导、同事对我的评价还比较高，总会夸奖我。不过，话说回来，夸奖得多了，任务可能就多了。有时候，是领导觉得我能干，就交给我任务。有时候，是我觉得自己不错，要主动申请任务。很多时候，焦虑就产生了，前面那两个故事就是这么来的。"

"愿意扛事，主动迎接挑战，这是你的勇气。追求完美，总想把事情做好，这是你的内在卓越性。但是，这并不能导致必然的焦虑。接纳当下的不足，不仅要接纳自己能力的不足，还要接纳外界资源不足，接纳时机不成熟，接纳不确定性。然后，对未来的美好充满憧憬，把专注度放在行动上，用行动让一切变得越来越好。"

"接着您的话，我想说，接纳，就是相信时间的力量啊。"梦迪说，她可以不考虑跳槽了，她要修炼接纳的能力。

"焦虑，就像是一个越勒越紧的圈套，让人窒息。几次咨询做下来，可以暂时松绑，要想摆脱焦虑的束缚，得把绳结握在自己手里。而这个绳结，就是你对焦虑的看法。"

回去以后，梦迪给我发了两张图片：一张图片是她制作的焦虑箱，一只小熊的模样，看上去一点都不焦虑，特别可爱。另一张图片是她买的瑜伽垫，她说，要练习冥想，让自己更加专注。朋友圈里，她把这两张图片发了出来，加了一行字：

相信时间的力量。

【拐角看见】

焦虑有微毒，适度焦虑可让人保持精进节奏，过量不宜。

遇到焦虑的时候，我们该如何与自己对话呢？

问问自己：

1. 对于这件事，我的期待是怎样的？

2. 我都做了些什么？估计这样可以做到什么程度？

3. 我都焦虑些什么？然后，用焦虑箱处理。

4. 我身处一个什么样的系统之中？在这件事上，我在系统中的位置是怎样的？

5. 我可以如何调用系统的资源？

6. 做完事情时，再问自己：我从中有哪些成长？

如何避免过度焦虑：允许自己出错，允许自己不会，允许困境出现，学会接纳自己的无能，学会拒绝不能承担之重，学会调用系统资源。这不是躺平，而是接纳，是在现有资源的基础上做出属于自己的最优选择。做到最好了，就可以把一切都交出去了。特别是对于无法掌控的结果，唯有接纳，才是最好的期待。

接纳源于信心，对自己有信心，对未来有信心，对系统有信心。

领导说我是个不用心的人

看到青桐，我就在想，这样的人会有什么烦恼呢？从她一走进咨询室，就把欢乐带了进来，脸上带着开朗阳光的笑，和见到的每一个人都礼貌地打招呼。

当她坐下来，说自己来咨询的问题是"要不要辞职"的时候，我就想，这或许只是一个简单的决策问题吧。青桐说，这个问题也困扰了她很久，自己这次是专程从山东过来做咨询的。看来，这个问题并不简单。

"那就先说说你的考虑吧，对于辞职的考虑。"从她感到最紧迫的问题开始。

"我的本职工作是在大学里做行政工作，这份工作像是养老，毫无激情，繁杂琐碎，一周五天，天天都像在熬时间。"三言两语，青桐就把自己的工作状态描述出来了。

"行政工作的状态，你应该早就知道的。当初为什么选择这份工作呢？"我知道，每一次的生涯选择都不是独立的。随着职业发展，当初的价值选择或许已经满足或者变化，现在的不满说明了当下的价值诉求和资源变化情况。所以，当一个人抱怨当下职业的时候，我都会问问最初的选择。

119

"当初？当初也是家里人推荐的，父母认为女孩子就要稳定安逸，大学老师不用风吹日晒，不需要承担太多的竞争压力。我这才花了好大力气进了大学工作。"青桐无奈地笑了笑。

"看来进大学工作还很不容易？"我问。

"是啊，虽然我是研究生毕业，但是现在学历高的人多得是，一个行政工作都要挤破头。"青桐有点犹豫，"其实，即便进来了，我也不开心。"

"家人认为这份工作很好，你最后接受的理由是什么呢？"

青桐笑了笑说："老师，你真厉害，总能说到关键点。我也觉得，做大学老师会有更多的时间，工作比较轻松，业余时间可以做自己喜欢的事。反正也没有更好的选择，所以就接受了。"

"你想有更多的业余时间，用来做些什么呢？"

"兼职啊！"青桐一脸的兴奋，"读研究生的时候，我就开始做兼职，我不是外语专业嘛，就兼职做一些英语培训和翻译的工作。兼职做得挺不错，英语培训时得到学员的好评，挺有成就感的。做翻译的时候，我也会选自己喜欢的书来翻。虽然收入不多，但也能自给自足了。"

"英语培训、翻译，是你准备辞职之后要做的事情吗？"

青桐长吁一口气，说："这正是我发愁的呢，有心辞职，却面临生活的困境。我很想摆脱目前的状态，首先就是家人不会同意，我这一辞职，他们肯定要崩溃。"青桐很清楚这一点，"再说了，我自己也确实缺乏安全感，毕竟，已经在大学待了两三年，和之前的同学相比，都已经不知道外边的世界是怎样的了。如果还只是做一些我之前兼职的工作，很难维持现在的生活水平。另外，我已经怀孕了，我在想，要不要再忍几年……"

现在的青桐，已经没有了刚坐下时的轻松快乐，内心的焦灼已经映在脸上。

"我很好奇，你在忍什么？"我这么说的时候，看到青桐两眼的诧异，"你的工作并没有太大的不同，你依然可以做兼职，而且你现在怀孕了，按理说，该是可以更多享受工作稳定带来的红利啊。"

"忍……"青桐好像是用了很大力气才能继续讲，"一种别扭。一种总也不能抬起头来的别扭。"这里面似乎有隐情。

我默默地注视着青桐，等她自己说。

"从开始工作，我就不痛快，总觉得低人一等。可是，我也是名牌大学毕业，学历也不差啊。工作中，我也任劳任怨，年终评比的时候，我还被评为先进个人。"说到这里，青桐有点要哭了。

我听得出来，这些都是青桐自己内心一直藏着的委屈，像是在对着一个人辩解。

"对啊，为什么呢？"我附和。

"都是因为他——我的那个领导！"青桐有点愤怒，"处处和我作对，总挑我的错，总批评我，有一次，竟然当着同事的面，讽刺我。"

"你的领导都是怎么批评你的？"

"说我不用心，说我是个不用心的人。"青桐辩解道，"我觉得他就是吹毛求疵，一份出差审批报告，在别的部门早就可以通过了，在他那里，反反复复要求我修改了三遍。我觉得这就是在针对我。"

"那你如何评价自己？"

"我觉得自己能力还行，也还算勤勉。不能抬高自己，至少不比别人差吧。"

"那他给你指出的错误呢，真的存在吗？"

"确实可以更好。但是被批评了，心里总觉得不舒服，心想，我不是这样的人啊，怎么能这么说我呢？有错改了不就行了？"说到这里，青桐自己都乐了。

"我们来做一下区分。你在做事的时候是否会出错，和你是否用心，以及是不是一个用心的人，这是不同的。"

"对对对，"青桐立即回应道，"我就是觉得，我不是一个不用心的人，虽然不是做每一件事都那么用心吧，虽然也会出错吧。"

"那你看，你的愤怒是不是就是因为接受了你的领导说你'是一个不用心的人'？"

青桐赶紧否认："我没接受啊，我不接受这样的评价！"

我没说话，继续看着她。

"我不接受他的评价，不过，确实是听进去了。"青桐想了一下说，"所以，我觉得那个办公室就是一个负能量场，我特别害怕走进去，不想上班，总想逃避。"

"这才是你要辞职的原因啊！认为一份工作枯燥无味、缺乏价值，可能只是表面原因。不知道你有没有想过，我们之所以工作，是为了追求价值。有可能是追求成就感、意义感，或是追求天赋发挥，自我实现，但绝不是为了追求有趣。单纯的有趣，不能持续。即便有人说'我就要追求有趣'，那也是为了追求有趣的形式之下给自己的带来的愉悦感和成就感。况且，还有些价值是深藏着的'底线价值'。一般来说，'底线价值'觉察不到，一旦损失，人就会彻底崩溃。"

青桐之所以受不了这份工作，并不是因为早已经知道的工作形式和工作内容，而是因为被严重否定之后，自己的成就感被剥夺，价值感丧失。在这种情况下，一份工作差不多就失去了存在的意义。她之所以纠结，是因为离开之后的生存安全感还不够充分，特别是在她将要生孩子的这个时期。

"你刚才说要忍一段时间，那你打算怎么忍呢？"我想要听听青桐的策略。

"少见面，少做事呗，反正，我现在怀孕呢，他也不能说什么。非做不可的事，就慢慢做，反正他觉得我能力不足，做到最后，还得他接手，这样也就不会说我不用心了。"青桐有些赌气，也有些无奈。

在职场上，这样的"消极怠工"是不是经常见到？其实，并不是她真的能力不足，也不是工作不努力，可能就是因为多次努力之后发现得到的价值越来越低，才会采取这样的消极做法。当领导不会关注下属的内在工作动力激发的时候，带来的是整个系统的损失。

123

　　"他对你的评价可能是言辞不当，或许他的本意也不是想要否定你这个人。"我意识到自己似乎在替她的领导说话，"对了，你的领导是个什么样的人？是不是特别严肃认真？"

　　"是啊，做什么事都认真，有完美情结。我也知道他可能不是针对我这个人，但是他说话的方式，就是让我受不了。"

　　"是对所有人都这样，还只是针对你？"虽然刚刚提到过，我再次问，或许会得到不一样的答案。

　　"好像对所有人都这样。"说到这里，青桐似乎想说什么，我好奇地示意她讲下去，"其实，他这个人不坏，说起来，也挺不容易的，出身比较贫寒，做事特别认真，凭着自己一点一滴的努力，才得到现在的职位。"

　　"那你看，一个凭自己努力，做事要求严格的人，对你的要求过分吗？"听了这个问题，青桐若有所思。

　　"来，我们做一个有趣的表格。"我拿出一张白纸，画了一个表格。第一栏：沟通事项。第二栏：他的看法。第三栏：我可以采取的沟通方式。我一边画，一边和青桐解释：

　　"你和领导之间的沟通不畅会让你认为这个工作缺乏价值，而沟通往往是基于具体事情的。那我们就先来看看工作中，你们都会在哪些事情上有沟通，填写在第一栏。注意，可不仅仅是他批评你的事，还有不置可否的事，当然也有表扬你的事。

　　"第二栏，写下他对你的看法。这里要注意，是他对你的看法，而不是你认为他怎么看你。就像我们刚才聊到的一样，你尝试着把自己放在一个兢兢业业、追求完美的领导的位置来看。可以有很多种看法，不一定就是他之前说出来的那么简单。

"第三栏，写下你可以采取的沟通方式。除了你目前已经用过的默默工作，或者想要采用的消极抗议，还可以考虑采用及时赞美，或者真诚表达。来，试试看，先写出一件事。"

青桐开始了思考，一边想，一边写。一会儿工夫，就写了很多，特别是沟通方式的部分。她说："我忽然发现，如果只是单纯想的话，我可以想出来很多的沟通方式，但是在做的时候，可能很多都做不到。或者说，如果客观地想方法，我有。而一旦切换到我面对他的时候，我没有信心使用这些方法。"

"你说的是一个重要的问题。"我点点头，"这是一个信心问题，关于你对沟通方法的信心，你对于对方的信心，以及你对于自己的信心。"

"是的，对于人的信心，是最关键的。我还发现，我和他的沟通并不多，我和你说到的很多情绪，都是一两句话之后，我自己的内心戏。或者说，我们并没有什么沟通。"不得不说，这是青桐在这次咨询中最大的发现。

"那我们就从对于沟通的觉察开始建立信心吧。"我给青桐留了一个作业：找一个本子，作为"沟通记录本"，记录下每天她和领导之间沟通的情况，除了记录"沟通事项""沟通内容""沟通结果"之外，还要记录下是主动的沟通，还是被动的沟通，沟通之后要进行总结"你对他的理解是怎样的""你是否表达了自己的想法""下一次沟通中可以如何调整"。

"试试看，一周总结一下，你们有多少次沟通？有多少次你的主动沟通？又有多少次效果积极的沟通？"

青桐很愉快地接受了这个作业。我们约定在下次咨询的时候，再来看未来职业的调整。

第二次的咨询，在半个月后通过电话进行。青桐告诉我，现在她每天的主要工作就是关注如何沟通。慢慢地，如坚冰融化一般，关系矛盾这件事在工作中的比重越来越小了。"这不是矛盾小了，是你的关注点变了。"

青桐说，先不考虑辞职吧，目前一切顺利，生完孩子之后再看。

年底的时候，青桐给我发来了一张照片，她和怀里的儿子，还有一张奖状。她说："这是我第二次被评为先进个人了，特别开心！"

【拐角看见】

我们渴望荣誉、成就与认可，于是就会被这些东西限制。当别人对我们的评价是无用、错误和否定的时候，我们可能或拒绝，或对抗，或逃避，或陷入深深的无力感，我们常常会因此给自己贴上无能、愚蠢和失败者的标签。当被别人的评价控制的时候，你就再也不能做自己想做的事情了。

拿回沟通的主动权，是站在不同角色位置对同一个问题的理解，是积极创造出更多沟通的方法，是对于沟通的信心。拿回沟通主动权的时候，你就已经摆脱别人评价的控制了。

揭下封印梦想的恐惧清单

一个周三的上午，我坐在咖啡馆靠窗的位置，看着窗外川流不息的汽车，和匆匆赶路的行人。

我在等一个来询者，邬霞，这是她的第二次咨询了。

邬霞是一家医药公司的技术主管，她从实验员做起，用差不多十年时间做到现在的位置。我看过她的简历，曾经有三年的年终考评是被评为公司的 S 级员工，这是公司对于业绩评价的最高等级了。她来找我做咨询主要是关于未来发展方向的问题。

她有些纠结将来是走管理路线，还是走技术路线。做管理吧，之前的工作中，没太注意人际关系，特别是不太关注员工的情绪状态，更多地都是关注具体事情，特别是对于复杂的职场人际关系，想想都觉得很累。从这个角度看，似乎做技术更好。但是，她又觉得做技术需要更高的学历，自己学历起点低，而且已经三十出头了，以这样的年龄再去读研究生，读完了又能怎么样呢。

与此同时，她还说出了自己的另外一个担心：家里一直在催着自己结婚。但是因为之前有过一次感情经历，对于结婚有一种恐惧。更何况因为自己未来发展方向不明，可能涉及要换城市，感情的问题，就更不好说了。

看上去错综复杂的情况。我给她留了一个作业，请她对管理和技术两个方向进行认真的分析研究，从需要的条件、发展的理想状态和未来的价值几个角度，写出自己的观察，必要的时候，可以找一些人聊一聊。因为已经工作了近十年，所以，我相信，这份作业对她来说并不难，只是需要态度认真地完成。或许，从作业里，就可以看出她的选择倾向。

桌面上放着我打印出来的作业。邬霞做得非常认真，分别针对不同岗位对两个方向进行了深入分析。有趣的是，这份作业就像是她的一份实验报告，视角非常客观，我几乎看不出邬霞有任何态度上的倾向。

邬霞来了，穿着简单利整，落座之后，要了一杯拿铁，咨询就开始了。

"做完作业之后，你现在的倾向性如何？"我开门见山地问。

"感觉做管理需要认真考虑具体的职业，我对自己的能力有顾虑。"我知道，邬霞之前的职业经历，让她对于做管理还是心存芥蒂，"做研发呢，我担心自己不够资格。"说来说去，还是之前的顾虑。

"我们一个一个来说，对于管理而言，你的顾虑是什么？"我要帮邬霞一点点梳理清楚。

"做管理，意味着可能要在不同部门之间调整职位，如果一切都与自己匹配还好，如果到了一个与自己并不契合的部门，可能就会很痛苦。"

"什么才是匹配的职位？"我进一步推进。

"就是能够继续利用自己的经验，比较熟悉，比如之前有一次安排我组建一个新的实验室，结果就并不好，好多方面的业务我并不熟悉。"

"可是，熟悉具体业务，不应该是技术专家该做的吗？"

"也许是吧，不过另外一个实验室的负责人也是重新组建了一个实验室，也是之前没做过，速度却比我快，他是一个博士。"

"那么，你有注意到他的优势是什么吗？"

"专业的训练吧，虽然没做过，但是专业训练让他很容易迁移。"

"哦，这对你来说，似乎是一个挑战了？那你之前连续三年考评得到 S 级，是靠什么优势呢？"

"执行力比较强吧，围绕目标，反复尝试，不怕失败，积极调用资源。就还是我们上次说的那些。"我注意到，一定有什么在阻碍着邬霞去发挥自己的优势。

"你看，在管理方向的发展上，你面临挑战，这样的挑战在技术方向的发展上，肯定也存在。那你是否愿意在这些新的事情上，继续发挥自己的主动性和执行力，去接受新的挑战呢？"

"我担心我做不好，"邬霞低头看了看手中捧着的咖啡杯，"就是努力了，也做不好。"

看起来，邬霞卡在对自己的价值评估上。我想继续追问下去。

　　"具体的担心是什么呢？你可是做出过成绩，具备自己的优势的。"我很好奇一个被公司评价很高的员工为何对自己的评价却这么低。

　　"现在不一样了，当年可以经常熬夜。可是现在年龄大了，即便熬夜，也不会有那么高的效率了，何况还有组建家庭的问题。"

　　听上去很有道理，我却感觉到，邬霞的逻辑是一个难以解锁的圈：想要发展，却不愿接受挑战；对于现状不满，却没有信心争取机会。我意识到，我不需要这么和她辩解下去，这两种声音都在她的脑海里，目前所呈现出来的纠结，只是她平时自己的思想斗争罢了。我需要撤去一个力，看一看失去平衡之后会怎样。

　　"嗯，那么，我理解，这就是你的选择了：暂时不再争取更高的发展，维护一个自己相对熟悉的环境，先照顾身体，尽快考虑婚姻问题。"说完这句话，我看到邬霞两眉垂了下来，说不清此时她的内心是失落还是轻松。

　　许久没有说话，我就在等着。

　　"可是，"邬霞终于开口了，"老师，我还害怕结婚。"她又在给自己找另外一个支点，每一个支点都是借口，因为看似困难，她其实都有解，只是，她不愿意全力以赴。但我已经明显地感觉到了她在藏着什么。

　　"看得出，你不甘心。"我注意到邬霞眉梢挑了一下，"对你来说，到底怎么做，才是比较好的状态呢？"

　　"我在想，到底要不要读书？"这次她并没有太多犹豫，却说出了似乎和前面并没有直接联系的一句话。我就在等这句话，我知道，这才是邬霞内心最纠结的部分。

"我不想读一个在职的研究生，读全职的不好考，读国外的要准备很多，我的想法能实现吗？读完之后怎么办？如果辞职读书，找不到好工作怎么办？万一重新开始了怎么办？婚姻怎么办？"

我想，她内心的那个梦想终于浮出水面。一连串的"怎么办"，把之前的纠结都串起来了。只是，我也看到，有三个守卫站在梦想门前把守，必须先把它们排除掉，才能把梦想放出来。

看守梦想的三个守卫是：不可能、不确定、不容易。

不可能：我的想法能实现吗？是不是白日做梦？

不确定：还有没有别的可能？ 如果……万一……

不容易：出现困难怎么办？实现起来太困难了！

而且，我们经常遇到的是：三者混在一起。那样的话，梦想就更难实现了，就像邬霞的种种担心。现在能做的，就是逐一排除这三个障碍。

我对邬霞说："来，我们列个'恐惧清单'吧"。

"恐惧清单？"邬霞有点诧异。

"是的，你刚才不是说到了好多担心嘛，我们一个一个列出来，看看可以怎么处理。"我知道，很多时候，内心深藏恐惧，就会不断地在"冲出去"和"退回来"之间徘徊。"你想要继续读书，先不管别人怎么说，也不管靠不靠谱，这是你心里绕不过去的坎，那就把它作为你的梦想。我们正视它，然后一起来看看

131

你到底有些什么担心。"

当我说到"梦想"的时候，我看到邬霞的眼睛里闪着晶莹的光。那一刻，我仿佛看见了一个重获自由的，可以生出双翼的天使。我铺开白纸，先写下几条：

1. 读完书，工作去向尚不能确定。

2. 读书要用几年的时间，担心会让自己重新开始。

3. 读书期间，不知道婚姻问题如何解决。

然后把那张纸拿给邬霞："你看看，还有什么是你担心的？你说，我来写。"

"还有……"邬霞一边思索，一边说，"还有考试吧，能不能考得过？"旋即又说，"我还是想出国读书，应该问题也不大。"

我说："没问题，所有的担心都可以先写出来，然后我们再找策略。"

"好的，那就是担心考试本身。除此之外，还有如果出国读书，语言关、环境适应关怎么过。还有……好像也没啥了，我就是想得比较多。"邬霞有点不好意思地笑了笑。

"想到什么了？"我要帮助她尽量把所有的障碍扫除。

"我还想，有没有可能通过公司合作的国外实验室申请学位呢？这样会容易些。还有，将来有没有可能重新回到现在的公司工作。"

我意识到了，她把障碍和方法放在一起考虑了，这是独自思考的时候，很容易产生混乱的原因。"先别着急，先考虑你所有的担心，你刚才想到的那是方法，我们待会儿再说。"

"哦，那好像没有了。"邬霞有点诧异，"这么看来，似乎也没有什么太多的障碍啊。"

"是的，我们脑海中呈现的混乱的状态，往往是因为把很多事纠缠在一起了。那么，现在，我们逐一排除这些障碍。"我在刚才列举的事项旁边画了一条横线，标题上写上"方法"："来吧，我们一起看，你有什么解决的方法，都列出来。我们要和这些恐惧来一场'近身肉搏'了。"

我们一起花了半小时的时间，找到了很多方法。比如，联系之前的校友，还有已经在国外读书的同事，和上司沟通，争取更多机会，用半年时间多复习，做准备……当一个个方法出现的时候，邬霞自己要求，可以把那些"担心"划掉了。

看着邬霞信心满满的样子，我问她："现在，你还有之前的担心吗？选择错误的纠结还在吗？"

"还会有一点吧，"邬霞的眉头已经展开，"不过，看着这么多方法，我有信心。"

"是不是担心选择错误，未来会后悔啊？"

"您怎么知道？"邬霞惊讶道。

"我们这么看，任何一种选择都有失败的风险。人生不是由选择决定的，而是由选择后的行动决定的。畅想一下，如果一年后，你收到了理想大学的 offer，在读书期间，你交到了心仪的男友，读书期间发表了不错的成果，这些成果对你找工作非常有价值，一毕业就收到原公司升职的邀请。你会怎么看现在的选择呢？"

邬霞笑得合不拢嘴："那可就太美了！"

"这并不是白日梦，如果那真的是你的期待，就为之努力，因为那本就是可能的一种现实。你要做的，就是延续这个选择之后的行动。"

邬霞会心地点了点头："我明白了，对于梦想，我之前有的都是漫无边际的恐惧和莫名其妙的焦虑，却从来没有这么真正踏实地直面过。"

咨询结束的时候，我在那张咨询记录页上写下一句话：有一天，你老了，是愿意走在追求梦想的路上，还是愿意躺在遗憾于梦想没有实现的床上？

一年之后，我收到一封邮件，是邬霞发来的，标题是：一份来自大洋彼岸的问候。

【拐角看见】

在展望未来的时候，有些想法若隐若现，似有重重障碍，难以跨越。时间久了，我们甚至不太敢去想未来和我们的关系。但只要想法在，我们就会纠结，内在的驱动力让我们跃跃欲试的时候，恐惧又让我们踌躇不前。我们的恐惧就像内心的一个恶魔，一直在说话，总也看不见。我们止步于恐惧，往往并非能力资源的限制。

战胜恐惧的方法简单易行：具体地写出所有的恐惧。然后，像小学生考试一样，把会解的题目做对，不会的，先放弃。慢慢地，你会发现，你会做的题目更多一些，最后的分数也不差。

【焦虑箱】

1. 准备一个小箱子，装饰一番，贴上一个标签——"焦虑箱"。

2. 一旦想到什么让你焦虑的事情，就把它写在纸条上，然后塞进这个箱子里。

3. 每天，定时（比如每晚睡前，或者一大早）把这些纸条拿出来看看。

4. 如果可以处理的，尽快处理，不能处理的，就留在箱子里。要知道：留在箱子里的焦虑，和你无关。

箱子里的焦虑，是你目前无法控制的因素，这是你生活的一部分。

【沟通表格】

处理一些人际矛盾时，如何提升自己的沟通能力。

沟通事项	具体是什么事情	
对事情的看法	你的看法：梳理一下，你是怎么看的	对方的看法：真正站在对方的角度来看，这件事对方怎么看
如何表达	真诚地表达自己的想法	对对方的看法表示理解
留有空间	询问对方是否清楚，有什么建议	对对方表示理解，表达赞赏的部分，以及可以一起努力的地方
反思总结	反思沟通效果如何，自己是否主动，有什么调整空间	

【恐惧清单】

你内心最想做的事是……

妨碍你做这件事的内心恐惧都有什么	你有什么方法可以解决（缓解、调整）这些障碍
（一定要先写这一栏，穷尽之后，再写右侧）	
现在，你对事情的担心程度会是几分（特别担心是10分）？如何降低到一个你可以开始行动的程度？（比如增加资源）	

4

重写人生剧本
活出从容状态

我们以为的天经地义，不过是被一种人生剧本催眠了而已，如果不喜欢，你当然可以换一种。

完美女士的不完美创业

郝丽是一个穿着时尚的女士，一头秀发，烫了小卷，披在肩上，充满朝气，而且干练，看上去比信息表里的 32 岁要年轻一些。

"有咖啡吗？"看了看面前的一次性水杯，郝丽问道。

"速溶咖啡可以吗？"咨询室里没有现磨的咖啡。

"好吧，我下单点一杯吧。"郝丽拿出手机下单。

"待会儿到了请前台送过来吧。"我出门和助理交代了一下。重新落座。

"赵老师，我目前有一个创业的机会，这次来找您做咨询，就是想让您帮我看看我适合去吗？"郝丽开门见山。看上去，这是一个关于是否创业的生涯决策咨询。

"具体说说呢？"我看过她的信息，之前是做快消品行业的猎头，在这个领域也有好几年的经验了，关于创业的想法，信息表里并没有写太多。

"我的一个朋友在做教育培训的创业，我们偶然间聊起来，感觉很多想法都很一致，她就想拉我一起入伙。我也确实挺感兴趣，但就是心里不太踏实。"郝丽的眉宇间有一丝忧虑。

"说说你的考虑吧。"我需要更多了解郝丽的想法。

"周围的人都说创业有风险，让我谨慎一点。我也确实了解过，谁也不能打包票一定可以创业成功。现在的问题是，虽然不那么满意，但我还算有一份稳定的工作，如果选择创业，失败了呢？但是，创业确实对我有吸引力，家里经济条件也不错，经济风险还是能承担的。"我注意到，郝丽不断用转折词。

"那你对创业失败的担心是什么呢？"我好奇这个问题。

"就是担心承担不了失败的风险啊，"郝丽意识到自己在重复前面的话，想了想，又解释道，"如果失败了，那我做什么？之前的职业经历还能延续吗？关键是，我对创业的前景一无所知，能想象创业成功的样子，但无法想象创业失败的样子，总觉得一旦失败，就像跌落悬崖。"

"创业不就该是充满风险吗？这不也正是创业的魅力所在吗？这应该是这个时代应有的共识了。"我如此想着，就问她："你对创业有几分把握？"

"6分吧，朋友已经开始经营了，我去了就是联络之前的资源，做好渠道。"郝丽这么说。

"创业成功的把握到了几分，你才会果断决定进入？"我对她的6分很好奇。

"怎么也得7、8分吧。"郝丽似乎也没有把握，我想，就是到了7、8分，她也一样会有新的顾虑。

这时候咖啡送到了，我示意她先喝咖啡。

我换了个话题："听上去，你的职业发展也还不错，怎么会被一个没有十分把握的创业项目吸引了呢？"

郝丽放下咖啡，叹了口气："现在的工作太没意思了，倒是轻车熟路，也还算做得不错，因为前几年积累了客户，现在的业绩也不难完成。我就在想，还有些什么是我可以做的呢？我就想寻找一些有挑战的事情，通过不断接受挑战，来进行自我升级，不断成长，让自己更完美。"

"你所期待的完美，是怎样的？"我对她的"完美"很好奇。

"做事雷厉风行，决策果断，就像是大家眼中的女强人吧。有自己的事业，发展良好。可以结交各类职场精英，所谈所想都非常时尚前卫，生活有品质……"郝丽说着说着，似乎进入了自己畅想的世界。

"你所期待的这种完美状态，和我们现在聊到的创业之间，有什么关系呢？"我知道，做出一个选择，绝不是简单的价值、风险的判断，而是要看到选择背后的动机。

"创业成功了，做大了，就是企业家了，我的期待就实现了啊。"看来，创业是郝丽给自己设计的路径。且不谈最终是否能实现目标，问题是，路径本身是否是最适合她的呢？为了让自己完美，而选择更为冒险的方式，这像是慌不择路。那么，除此之外，还有什么可能吗？

"你刚才说，能看到自己创业成功之后的样子，那能不能具体说一说，针对目前的这个项目，如果创业成功了，具体会是怎么样的呢？"我想帮郝丽把对于完美的感觉转化为具体的状态。

"这个项目是一个管理咨询培训项目，如果创业成功了，我就可以对接我之前的客户资源，把相关的咨询与培训产品卖出去，"郝丽想了想，又补充道，"还可以不断扩大客户群，深化产品服务。我也了解过，我对朋友那边的产品团队还是很有信心的。"

完美的期待，现成的路径，这一切似乎只卡在了成功概率上，这也是郝丽来做咨询的原因。我们都知道，这个概率并不是一个生涯咨询师可以预测的。郝丽不知道的是，如果急切地想要得到一个判断结果，很容易把一次生涯决策变成赌博。成与不成，最后又很容易归因于命运的无常。我知道，我要做的是，帮助郝丽调整对于完美的期待，从漂浮的结果状态上，落到踏实的具体追求上。

"你刚才说到了挑战、升级、成长，那么，如果创业成功了，除了你所期待的生活状态之外，你从其中获得的成长是什么？"我明确了指向性。

"这样的话，我就可以独立拥有对于一个项目整体的拓展能力。之前我所做的业务，多数都是企业安排好的，有前期的积累，也有固定的模式。创业，可以让我独立操作一个项目。"郝丽顿了顿，"我知道，这中间肯定会比较难，但是也一定会得到很多的锻炼。比如，了解客户需求，在产品不成熟的时候，长期跟踪客户，在有产品的时候，为客户提供有价值的方案。这些事情，我都没有做过，只是想象着，或许很有挑战。"

郝丽喝了口咖啡，沉思了一下，说："其实，我也知道，创业有风险，现在讨论成功概率没什么意义。但我就是想要那个结果，那个完美的结果，所以，就一直忍受不了可能的失败。现在看来，我还是更应该关注创业过程中的成长。"

"我注意到，成长和自我升级，才是你最想要的。只不过，之前你会把那个创业成功的结果，那种很飒的女强人状态看成成长的指标了。"我说。

"对对对，"郝丽频频点头，"我也发现了，我想要的其实不是完美，不是创业成功，而是那种成长感！"她沉默了一下，又说，"不过，不这么想，确实还挺难的。"

"那你有没有想过，你的成长又是为了什么？"我没有因为郝丽找到了"成长感"就停下来，我知道，这种感觉不便于显现，很容易消失，如果没有抓手，就会变成自己也不知所云的"鸡汤"了。

"成长本身就很好啊，我会很充实，有事做，不像现在的工作，收入虽然可以，但是感觉自己并没有什么价值，我能做，别人也都能做。时间久了，我会越来越没有价值的，只能依附于工作了。"郝丽想到了自己工作。

"你的成长是在追求自我价值实现吗？"我捕捉到了"价值"。

"应该是的，我也想证明自己很有价值。"郝丽若有所思。

"那么，我们看，其实，你追求的是自我价值实现。背后的原因是感觉到自己的工作缺乏价值。于是，你就希望获得成长，展示更大的价值。现在有一个创业的机会，你感觉或许可以在这个过程中实现自我成长，展示价值。但是又会担心，结果不确定，于是，才有了对于是否选择创业的纠结。"我一边讲，一边画，用很慢的语速讲着这个思考的逻辑。

　　看到郝丽点头了。我继续说："获得成长，实现价值，或许不只是有创业这一条路径，或许也不一定只有把一件风险很大的事情做成功这一种标准。"一边说，我一边在白纸上写下"路径""标准"，然后画上问号。

　　郝丽自己就有了思路："对呀，不一定非要出去创业，目前公司里也有内部创业的机会，还有，我也可以兼职帮朋友创业，这样风险小一些。或许，我该主动一点，遇到可以锻炼的机会，就主动申请，任何一个项目都是自我成长的机会。与创业不一样，我可以选择风险小一些的事情，这样我就更有掌控感了。"

　　她接着说："我也可以把价值实现的标准定得再落地一些，只要有事做，只要有成长点，我的价值就在不断提升。这样不断积累下来，我那个职场精英的完美状态自然会到来的！"看得出来，因为找到了抓手，她说得越来越兴奋了。

　　我一点点记录下郝丽的想法，然后再和她确认其中可以开始的计划。

　　咨询结束的时候，郝丽和我开玩笑地说："我们再也不用讨论那个创业的决策了。"

　　一个月后，我收到了郝丽的邮件。邮件的标题是：我不再追求完美，完美就来了。原来，在调整了状态之后，她看到了一种新的可能性，将现有公司的业务和朋友的创业团队做了对接，筹划成立一个新的项目部，作为提议者，她成了项目负责人。

【拐角看见】

我们在追求完美的时候，在追求什么？

我们对于完美的追求，看似是对自己的严格要求，但往往都是在逃避最应该面对的事实。因为明知道完美实现不了，这样就可以以此为理由，让自己"安心"了。

然而，每一个对于自我成长和价值实现有追求的人，一边自我欺骗地让自己安心，另一边却又无比焦虑地寻找出路，看似做决策，实则原地打转。"完美"就像一个陷阱，让人难以脱身。

我们经常不认为自己在追求"完美"，因为那是别人可以实现的状态，我们认为自己也可以。然而，对任何一个目标的评价，一定是结合资源来说的。如果我们的资源暂时难以企及，那就放下这个目标，转到接近内心的目标上去。你会发现，自己收获了更多可能性。

打开自卑的心锁

在给咨询师做培训的时候，有一个练习：我会让学员用一个比喻来形容工作中的咨询师，以此来调整学员对于咨询的理解。经常会有学员说："咨询师像是一个侦探，因为咨询师要从各种细节中分析出来询者所讲信息的真实性。"

听到这样的理解，我就会问，"然后呢，如果发现你的来询者讲的信息可能是假的，或者前后不一致，作为咨询师，你会怎么做呢？直接指出，对质？那你们的咨询关系可能就有敌对的味道了。这是你能够处理的吗？"

或许有人会认为，可以洞悉内心，一语道破玄机的咨询师都是高手。但是他们不知道的是，一个人高明的地方不在于'道破'，而在于真诚的表达。在我看来，来询者在咨询室里的表现，包括言不由衷的混乱，都是他们所能呈现出来的最大的真诚了。而咨询师的真诚不在于通过蛛丝马迹发现"真相"，而是对于"不一致"所表现出来的好奇。

在咨询信息表上，"云雀"名字的旁边，加了一个括号——（网名），我猜，不想以真名示人，还故意标记了网名，或许是有原因的吧。信息表上的信息很少，只有"38岁"的年龄，和"外企企划部"的工作信息。在"咨询期待"一栏里，明确而简单地写着：转行。

"老师，我们一起来探索下我的价值观吧。"咨询一开始，云雀就讲出了一个"专业的"词汇，显然，她是有备而来。"我觉得目前的工作不适合我，主要原因就在于价值观不匹配。"

"那你追求的理想工作是什么样呢？"

"可以接触到高端人脉，接触到有智慧的人，有和谐融洽的人际关系，能够在帮助别人的过程中获得成就感。"然后，云雀总结道，"社会地位、和谐人际、利他助人、智慧，赵老师，这些是不是就是我的价值观呢？"

云雀对自己想要什么似乎非常清楚，那么，她来做咨询的原因是什么呢？是缺少选项，还是能力不足？"看来你对自己的了解还蛮多的，有目标了吗？"

"这正是我想要说的。"云雀似乎做好了准备，"每当我想到一个目标的时候，就会有怀疑：这真的是我想要的吗？我想过要去 NGO 组织（即非政府组织，Non-Governmental Organizations），或者一些基金会，好像会满足我之前的一些想法，但是又觉得缺乏冲劲，时间久了就没有意思了。我还想过做自由职业者，专门的助人者，比如咨询师，可是又觉得可能压力会蛮大的。我还想过跳槽去一个大企业的社会责任部门，负责类似公关的工作，我又担心努力之后并不能得到我所期待的价值。实际上，如果认真分析的话，我目前的工作也还可以，甚至仔细评估起来，社会地位、和谐关系、利他助人、智慧这几项的综合得分不比其他选项少。"

我用心地听，似乎能感觉到那些意味着价值观的词汇对于云雀来讲，虽说是华丽动听，却又空洞干瘪，并没有深切的体会和感受。"那就说说你现在的这份工作吧，我看到你在咨询信息表里填了'转行'，是对目前工作不满意吗？"

"平淡无奇。"云雀说得非常简洁而坚定。

"平淡无奇？"我加上了疑问语气，重复了一遍。

"是的，平淡无奇，一切按部就班，很难有成就感。"云雀的语气中出现了一丝焦躁。

"成就感？你刚才没有提到这个词？"

"哦？"云雀愣了一下，"那就加上吧。"

"成就感和你之前说到过的社会地位、和谐关系、利他助人、智慧之间都有什么关系呢？"

"好问题，好问题。"云雀一边喃喃自语，一边陷入思考。

过了一会儿，"或许，利他助人和智慧都是一种获得成就感的方式，和谐关系是我对于工作环境的期待，社会地位是获得成就感的表现。"云雀看着我，似乎是想要获得一种肯定。

"目前工作中的成就感怎样呢？"

听到这个问题，云雀有点打蔫："就是我刚才说的啊，平淡无奇，按部就班，没有什么成就感。"

"那么，在工作中，你有没有为收获成就感创造机会呢？比如，主动申请一些有难度的工作，承担一些有挑战的任务。"我知道，在工作中，每个人都会有很多机会通过迎接挑战来提升能力，证明自我价值，如果没有抓住这些机会，那自然很难获得成就感了。

"我……"刚要说话，云雀又停住了，"不想创造机会。"

"为什么呢？"

"他们都看不起我。"

"他们是谁？为什么看不起你？"

云雀把目光看向了地面。沉默了好一会儿，抬起头说："也不能怪别人看不起我，其实是我自己自卑。"看着眼前这位光鲜亮丽的白领精英，我特别好奇她的"自卑"从哪里来。我没有说话，问题就自然浮现在眼神里。云雀正了正有些僵化的身体，然后说了一个多年前的经历。

那是十年前，云雀有一个在全公司进行项目介绍的机会，部门负责人看好她，就把这个任务交给她来完成。本来一切都准备好了，临上场的时候，云雀还是胆怯了，说什么也不去。最后，部门老大自己上去讲了。这件事在部门里成了一个重要话题，被议论了好久。从此以后，老板再也不敢给云雀安排任务，她自己也不再主动做什么有挑战的事情了。云雀说："我就感觉自己做什么都做不好，只能干点平淡无奇的工作吧。"

又一个"平淡无奇"！

我知道，对云雀来说，已经忍受这样的"平淡无奇"好多年了。内心中对于"成就感"的渴望像是被关进了一个局促狭小的房间，"自卑"就是紧锁的门，她一直想要冲破这道门，把"成就感"放出去。转行和跳槽，只是她努力寻找成就感的一种方式，也是自卑的一块遮羞布。我想，如果不解开这个心结，或许下一次在关键时刻，她依然会打退堂鼓。

"你认为自己什么都做不好，于是不敢做尝试。但是又不甘心，不希望一直这样，于是，就希望换一个环境，企图在一个心理压力小、束缚少的地方闯出一片天地。"我看到了云雀眼神的回应，"但你有没有想过，跳槽、转行谈何容易？虽然换了环境或许会减少心理压力，但是要面对新环境适应和能力积累等问题，这样的现实困难可能不比你克服自卑的压力更小。何况，如果你心存芥蒂，遇到困难的时候，会不会还是会对自己有较低的评价呢？"

云雀意识到自己是绕了一个大圈子，"那怎么办呢？事情已经过去多年，该怎么弥补呢？大家似乎已经对我形成了一个固定的评价了。"

"如果你意识到这是一个你需要修炼的功课，那从现在开始面对就好了。在老环境里，你也可以做一个新人。"对于云雀来说，想要获得成就感，直面过去的挫折是打开自卑心锁的方式。

"喏，你看，你刚才讲过的那件事，只是一次经历而已。而你所说的'自卑'是把这一次经历变成了对自己的普遍评价。我们现在需要重新认真看看，那次不敢当众发言展示，是因为什么？是没有准备好，还是不敢当众讲话，抑或是别的什么原因？这件事和你再去迎接新挑战有什么关系？会让你有什么启发？你可以怎么做？"我一个问题一个问题地提出来，慢慢地，我看云雀的眼珠在转动。

　　"赵老师，"云雀自顾自地思考着，冷不丁打断我，"我忽然有了一个启发，自卑因这件事而起，却和这件事无关。相反地，如果我想要建立自己的成就感，也可以有很多种方法，我要做自己擅长的事情，而不是继续寻找一个模糊的，更有挑战的事情，否则，我很可能再次掉进坑里。"她语速很快地把这些说完，好像还意犹未尽。

　　"你已经开始拿回主动权了，建立成就感，让自卑消弭于无形。"当云雀开始列举选项的时候，我知道，她就已经不再逃避了。

　　接着，我就和云雀一起梳理了她曾经做过的有成就感的事情，这些事都发生在十年之前了，虽然尘封多年，可历历在目：有组织过校友活动，有张罗过圈子聚会，有参加过高层论坛。这些活动都曾组织得周密而精彩。

　　"怪不得你追求的价值观里面有：社会地位、和谐人际、利他助人、智慧。原来你的经历曾经给你带来过这样的成就感。我们要看到的是，你获得成就感的背后的方式，也就是你的能力优势。优势找到了，就找到了源头，成就感就像自来水一样，源源不断了。"我的这个比喻把云雀逗乐了。

　　当我们把云雀的优势能力逐一分析出来以后，她恍然大悟：这么多年过去，竟然没有在其中任何一项上做过努力，也没有再尝试着迎接更大的挑战。"你看，一次曾经的挫折，堵住了门口，挡住了你优势队伍的千军万马。"

　　"那这个挫折算什么呢？和我的优势有什么关系？为什么能

起这么大作用？"显然，云雀自己开始主动深入思考了。

"或许，这次经历就是你曾经想做的一次尝试吧，只是这个尝试对你而言是一个重大突破，你没有挑战成功而已。你能做的，可以是回到优势区域，继续积累成就感，让自己更自信。还可以是把类似挑战降低难度，修出台阶，一步步到达。"我看了看云雀，她的脸上有了光彩，"只是，别因此给自己关上门，把自己禁锢起来。"

"我知道该怎么做了，从现在开始，我要把'发挥优势，重建成就感'当成我的主要目标。"云雀信心满满，"这么看，现在的工作也还是有不少机会的。你说，我的同事会不会不适应我的变化呢？"她自己显然已经看到了什么场景，忍不住乐了起来。

"对了，赵老师，云雀是我的网名，你怎么没问我的真名？"

"你没告诉我，说明不重要。我知道的是，云雀不仅飞得高，飞得漂亮，而且还能一边飞行，一边歌唱。"

"那就是我想要的样子。"

【拐角看见】

获得自信的三个攻略：

1. 自信不是凭空产生的，必须通过做事情，获得成就感，自信才能找到；

2. 挫折会打击自信，但永远不要躲避它，从挫折中学会认识自己也是一种正面面对；

3．每个人都有优劣势，"用优势，避劣势"是一种策略，不是一种无能。

面对困难和挫折，并不总是要打败它，正视，而不躲避，何尝不是一种应对策略？我们本可以成就一番事业，只要不把注意力放在如何逃避恐惧上。

拿着成功日历来寻找
震撼的财务经理

午后，我在办公室做着咨询前的准备。

我又看了一遍咨询信息：

郜原，男，34 岁，某大企业财务经理，最初的学历是专科，后来读了硕士。咨询的问题是：要不要离职，希望有一个特别靠谱的计划。我看了下助理记录的信息：一年之内，在两家职业规划机构做过咨询都不满意，我们自己的咨询师看了资料，也都不愿意接这个案例。

我站起身，走到门口，问外边的助理："小张，今天下午郜原的案子还有什么需要补充的吗？"

"嗯，"小张面有难色，"这个客户吧，好像比较挑剔。"

"怎么说？"

"咨询前对我们的咨询结果反复进行了确认：'能够给我一个结果吗？会有一个具体方案吗？咨询几次？两个月够吗？如果不满意怎么办？'"显然，助理对于前期这样有些质疑的沟通心存芥蒂。

"哦，没关系，客户的这些疑问都很正常。还有吗？"

看我不以为意，小张继续说："来询者似乎对自己的发展思路挺清晰的，其他咨询师感觉不能给到他支持。他似乎就是希望听到更加专业的分析，具体的，我也不清楚了。"助理特别强调了"专业"。

"专业的分析？"我的脑海里立刻浮现出一张严肃的面孔，我笑了笑，这个幌子足以击倒一个咨询师的自信了。"好的，小张，我知道了，谢谢你！"我心想："嘿嘿，怎样才算是专业呢？下午见吧。"

下午两点，我听到咨询室外助理的声音："郜先生，请到这边！""赵昂老师，来询者到了。"

我站起来，观察了一下对面这位男士，穿着西装，拎着一个公文包，目光冷峻。虽然正值盛夏，但他还规规矩矩地打着领带，没有看到出汗，应该不是乘坐公共交通工具过来的。

我打招呼道："郜原，您好，我是咨询师赵昂。请坐吧。"

"赵老师，我们有更好一点的咨询室吗？这里，有点太小了。"郜原四处打量了一下，并没有准备坐下来。

"对不起，我们今天正好约到了这个咨询室，条件有限，如果你觉得不舒服，我们可以下次调整。"我温柔而坚定地拒绝了他。

"好吧。"郜原有点无奈地坐了下来。我想，或许，这真是个挑剔的来询者呢。

郜原从包里掏出一个装订好的册子说："赵昂老师，你先看看这个，这是我给自己做的职业发展规划。"

"这是你的资料吗？怎么之前没发给我？"我接过来问道。

"哦，我之前没有完全做好，今天上午又修改了一遍。"看得出来，他对自己也挺挑剔的。

我接过来，打开册子，扫了一眼。确实是非常清晰的计划，如何做，怎么做，目标，执行计划，表格、图示、分析，非常全面了。我忽然意识到了什么，把册子放在了一边："谈谈你对于咨询的期待吧？"

"我就是希望老师帮我看看我的职业规划，"郜原指了一下那个册子说，"然后提出一些我想不到的地方。"

"嗯，好的，我们待会儿一起讨论你的计划。除了看这个职业计划，你对于我们的咨询，还有什么期待吗？"我故意把他说的"规划"换成了"计划"。

"还希望对我有分析，我觉得你们应该更专业，能帮我看到我自己看不到的地方。"

"你所说的这个你'看不到的地方'主要指的是哪方面的？"

"这个你们更专业啊，帮我看看哪里有漏洞，怎么才能更完美，或者有什么提醒，或者对我有什么更深入的分析。"郜原很坦诚。

"好的，还有吗？"

"还有就是最后再帮我判断一下我是否需要跳槽，未来如何发展，我的计划是不是靠谱。"我感觉他又说回来了。

生活中，我们经常会被"问题"所引导，为了得到一个答案，而陷入一种浑然不能自知的"应答模式"中。一旦陷入这种模式，就会忘记自己本来想要做的事，只顾不断找答案。现在，郜原出了题目，如果只是给出答案，可以预料，应答者无论如何也不能让一个追求完美的出题人满意。我想，需要跳出问题，重新调整节奏。

"好的，我都记下来了，我们先来分析下你的生涯历程吧。"此时，我希望放下那份"完美计划"，进入生动鲜活的生涯历程，看得更全面一些。

郜原的简历很简单，他谈得也很简单，但我还是仔细问了一些细节。

郜原读的是专科，这段经历在他看来就是一个"错误"，高中时他学习很好，高考发挥失常，家里的压力让他不得已读了大专。郜原说，从此进入了"学历阴影"。毕业后，家里人给安排一个事业单位的"好职位"。这个职位，让他受不了的是"无所事事""关系复杂"。他决定考研，这于他而言，是一种解脱，也是一种提升。

经过充分的准备，他考研成功，而且考上了名校。为了摆脱之前的学历背景，郜原学习异常出色，同时也带来了"自恃清高""人缘一般"的评价。转眼间，研究生毕业也快十年了。这十年里，郜原在一家公司从出纳做到了财务经理，并且进入了公司的投融资部门，负责相关项目的财务分析。

我很佩服郜原那种不肯服输的韧性，说道："看上去，这一路走来真不容易，你取得了令人羡慕的成就呢。"

"成就？"郜原愣了一下，"还不至于说'成就'吧，或许努力

156

了一些。但是，做得远远不够。"看来，他对自己的发展有不满。

"那么，你怎么看待现在的这份工作呢？"郜原所在的公司是一家大公司，行业领头羊，规模大，业务广，部门多。

"这份工作不错，收入可以，还有不错的学习成长机制。但是，就是因为公司太大了，就感觉我的职业发展总在一个模块里，所做的事情在这几年里都没有什么变化，而且做得越熟练，就越不会有变动。"他说出了所有大公司的一个特征。"此外，在公司里我看不到有什么升职空间了。专家太多，我感觉任何一个领域都足够我研究一辈子的，面对这样的情况，我简直就像是被淹没了。"

"所以，你感觉不到职业的成就感？"

"是的，不仅缺乏成就感，我还很担心未来的出路。"郜原说出了更大的忧虑，"人无远虑，必有近忧，如果现在不为十年后着想，个人价值就会更多地依附于公司。而公司太大，我慢慢地就没有了竞争力，将来可怎么办啊？"他说得很有道理。

"你在之前的职业阶段发展得很好，很快就提升了自己的能力，并在一个领域成为一个专家。"我帮他分析，"现在你要进入下一个生涯阶段，最需要的是平台，一个可以帮你提升能力与格局的平台，这才能创造新的可能性。"

"是的，你说得不错，我也是这么想的，你看我的计划里都列出来了。"郜原又提到了他的计划。

"那我们来看看你的计划吧。"我拿起了他的计划。专业资格考试、各种职场能力提升、参加专业的培训学习……似乎很详细了。

"从你的职业发展来看，你的优势集中在了专业经验上。"我分析道。

"是的。"郜原点头。

"从你的计划来看，你似乎还是准备把重心放在专业能力提升上。"

"是的，有什么不对吗？"

"你需要给自己找一个具有更大可能性的平台。"

"你是说让我辞职？去哪里呢？我也头疼这件事。"

"不是辞职，能给你带来可能性的平台既可以在企业外，也可以在企业内，但你一定要突破之前的做事方式。比如，给自己设定一个需要拓展的职业目标。"

"我也想过这个，但是能不能再落地一些？"郜原表现出了一切尽在我意料之中的态度。

于是我就开始和他一起分析在职业内如何拓展可能性，如何从熟悉的领域切入并展开。然而，在分析的时候，郜原要么表示什么都知道，要么表示实际情况并不会那么容易。我忽然有一个感觉：

我在拼命支着儿，而他在拼命拒绝。

意识到这个，我停了下来："郜原，你看，咨询到现在，我们分析了你的特点，也分析了可能的一些方案，不知你有什么反馈？"

"分析得挺清晰的，很多我都想过。但是，似乎不够震撼。"

谢天谢地，他说出了心里话。

"你需要什么样的震撼呢？"我很好奇地问。这应该是一个突破点。

"就是直接指出来我的问题，指出来我该怎么做才能实现我的目标。我总是不太放心。"

我想，我知道问题的关键了，说道："你之前做过咨询，是不是也是得不到你想象的效果？"

"是的。都是给我一些目标分析，我都知道的。"郜原的嘴角露出一丝不屑。

这是必然，生涯规划师不可能比来询者更知道他的行业情况和具体职场信息。"所以，你是期待一个神一样的专家给你做咨询。"没等他回答，我接着说，"但你也是专家，并且一直抱持着专家的态度，不肯放下对咨询的评判。你有没有感觉到你在和咨询师辩论？"

我看到郜原有点惊讶，继续说道："表面上，你在和咨询师辩论，实际上，是你在和自己对抗。你一直不相信你自己能在职业上有所突破，所以，你在扮演着一个批判者的角色，对咨询师提出的种种方案进行驳斥，而不是真正投入地一起来分析实现的可能性。"

我拿起了他的那沓计划："你看，你的计划制订得如此完美，完美到无懈可击。然后，你躺在完美的计划上，等着成功出现。但是，这终究只是计划。计划之中也藏着你的隐忧：计划中有很多不可控的因素。你知道，这些不可控的因素，既有可能毁了你的计划，也有可能给你带来成就。但你追求完美和确定，期待一切都在计划中，期待成功就是一本日历，你只需要这么撕呀撕呀，就能撕到成功的那一页。"

郜原有些愣住了。

我慢慢地说："这份计划最大的问题就是不允许可能性的出现，不管是好的可能性，还是坏的可能性。所以，看上去你的职业发展似乎也缺乏可能性。成功并不是从确立目标直接就蹦到了结果，中间有探索方向，确定方向，收集资源，提升能力，进行调整，收集反馈，拓展平台，创造机会，逐渐实现等许多步骤。那种从开头就设定了结尾的逻辑，不是职场的真实逻辑。而你处的发展阶段，具备更强的可控和不可控特点。"

看得出来，我的这番话可能确实"震撼"到了郜原。

"所以，"我停顿了一下，"郜原，你最需要提升的能力，不是你计划中的业务能力，而是敢于突破和冒险的能力。一直以来，你都是依靠一些确定的评估方式来证明自己的实力。比如，学历、专业资格、职业资质。这些让你取得了过去的成就感，所以，你就更依赖于此。而现在，你需要的是突破，突破一种框架，寻找新的可能性。如果还是希望躲在一旁悄悄练功，有一天能一飞冲天，这似乎是不大可能了。重要的是，如果不尝试突破，你都不知道该练些什么。"

"是的，"郜原说话了，"这也确实是问题，那该怎么突破呢？"

"突破可不是计划，而是一种允许可能性发生的思维方式。"

我笑了，"你比较善于内归因，如果外界有什么负向的反馈，你都会将其归于自己的能力不行，然后就回去憋着练能力，期待自己成功。这中间，即便有新的可能性发生，你也看不见。如果转换一种思路呢？给计划留白，想到第一个目标，不用事事周全，就带着期待开始行动。"

郜原的眼睛亮了，"那我们重新设计一个计划吧，一个有更多可能性的计划。"

于是，我们一起分析了在熟悉的领域，如何给自己争取更多的业务空间，如何通过承担更多责任来提升资源驾驭能力，提升格局和拓展平台。

最后，我帮他总结了几个关键点：

尝试不同的业务模块，从而拓展业务能力，虽然有可能失败；

尝试进行系统化整合和呈现，从而提升自己的专业度，虽然有可能很难；

尝试主导新的项目，从而探索自己能力的可能性，虽然有可能遇挫；

尝试进入非本领域的圈子，从而拓展职业视野和人脉圈，虽然有可能不适应。

看了看表，一次咨询就要结束了。告别的时候，郜原有点感慨地说："原来，专业也有很多种啊。"

我说，专业只有一种，就是能解决问题。

【拐角看见】

当职业进入平台期的时候，就一定需要新的方式来实现发展的突破：尝试做不同的事，尝试接触不同的人，尝试发展新的能力。这样的尝试虽然有一些冒险，但可能是实现突破的唯一路径。只有这样，才有可能发展出新的自我，职业发展的瓶颈就由内而外地打破了。我们因为一种模式而成功，也就有可能因为一种模式而僵化，随着年龄的增长，我们的生涯突破，就来自于我们给自己的留白。成功不是写在计划好的日历上，而是写在每一步确定的小成长里。

想要自由飞翔的服装陈列师

渴望自由的小鸟，是属于蓝天的，正如渴望自由的人，渴望展示自己的才华，追寻自己的热爱。这样的小鸟，笼子关不住；这样的人，不能被束缚。

看到咨询信息收纳表的时候，我特别留意了一下性别，因为她的名字叫"胜男"。一个女孩子，取了一个名字叫胜男，希望能胜过男孩。可以猜想，这其中，既有取名字人雄心勃勃的期待，又有对于性别认识的不足。

资料上还显示，年龄：28 岁。职业状态：离职，半年。咨询诉求：进行能力探索，明确职业定位。从职业简历中，我看到，胜男做过编辑，做过策划。现在，想做一个服装陈列师。

咨询室里，我见到了胜男，一个个子高挑，样貌端庄的女孩，穿着时尚明快而不过分艳丽，明亮的眼睛里透着真诚，言谈举止里带着大方。我们互致问候，然后落座，简单的咨询开场白之后，我问她："我从信息表里看到，你希望定位自己的职业方向。那就先描述一下你过去的职业经历吧，我们从经历中来分析你的特质。"

"我之前是做报社编辑的，两年前辞职了，然后做了一段时间的策划，又辞职了。偶然的机会，我喜欢上了服装陈列师这个职业，特别喜欢，就开始参加培训，但是，现在发现这条路并不好走。所以，就想请老师帮忙规划下未来的出路。"胜男说得非常简洁。

但从这段信息里，我感觉到了一点异样。我追问她："能不能具体说一说两年前工作的情况，那份报社编辑的工作，在很多人眼里应该是一个很不错的选择，你为什么要辞职呢？"

"其实，我是在将要拿到'编制'的时候才辞职的。"胜男描述道，"这确实是一份令人羡慕的工作，当初也是因为这份工作能让父母安心，能向别人炫耀，我才选择这份体制内的工作。可是，纸媒走向衰落的时候，有些单位没能很好转型，空有一个平台，并没有太多可以发挥的空间。环境束缚，人际关系压抑，眼瞅着要拿到手的'编制'，却像一个要把自己关起来的金丝笼。一想到今后就要永远待在一个自己不喜欢的地方，我就接受不了。于是，就辞了职，立刻逃出来了。"

胜男描述的确实是一些媒体存在的情况，对于追求自由的人来说，早点离开可能是件好事。"那你父母那边，你是怎么和他们说的呢？"

"开始我没说，后来才慢慢告诉他们了。虽然觉得很为难，但毕竟是一辈子的事，我还是做了决断。为这事，爸妈和我好久不说话。"胜男低下了头。

看来，她是一个有主张的女孩子。"那份策划的工作呢，做得怎么样？是什么情况？"我继续问她。

胜男把头埋得更低了："老师，其实，那份工作，我是被辞退的。"

"哦？能说说原因吗？"听她这么说，我想，可能有故事。

原来，胜男从报社辞职后，就来到了北京，在一个公司做策划。实习期间因为一次请假违反了公司规定，就被辞退了。"我真不该请假的，只是我不好意思拒绝朋友的邀请。老师，这是我还不够职业化，您说，我是不是需要提升职业化能力？"胜男的话语中，满是悔意。

"等等，你刚才说请假了，那么，准假了吗？"

"准了。"

"公司不准实习期间请假吗？"

"是的。"

"你知道这个规定吗？"

"不知道。"

胜男的回答，给我留下一脸的错愕。一个公司不会因为这件小事就辞退一个人吧？

"可能是因为我总是容易犯错误吧。"胜男开始自我归因了，"我都不知道我做了些什么。"胜男不仅没有原谅自己，反而向我证明了她的错误，还讲了她曾经在做编辑的时候，因为粗心犯的错。

"连想做的服装陈列师也是，本来参加完培训，有几个不错的工作机会，竟然都稀里糊涂地错过了。等我缓过神来的时候，就没有合适的机会了。就这样，我在家失业一年多了。"原来编辑辞职之后的两年时间里，她还失业了一年多。

"工作中，谁都难免犯错。"我忍不住要安慰她。

"不，老师，不知道为什么，我觉得自己总犯错。做编辑的时候犯错，做策划的时候犯错。好不容易，找到自己喜欢的工作，想做服装陈列师，因为自己的疏忽还是犯错。我是不是就不该这么折腾？我是不是想得太多了，自己根本没有这个能力？我是不是就该在一个稳定的工作环境里待着？我真不该这么粗心，不该错失宝贵的机会……"胜男一直在自责。

胜男，像一个不断认错的孩子，仿佛"错误"就是她人生中的主旋律，让人不禁心生怜悯。忽然，我想到了她的名字，我想，会不会当初她的父母也这么说，她的出生就是错误？不去猜了，也不应该这么去问。现在，最重要的是，帮助她把自己的"错误"底码擦去。否则，一只想要自由飞翔的小鸟，就会因为曾经的弹丸袭击，而变成"惊弓之鸟"，是再也不敢飞上枝梢的。

我看着胜男，缓缓地说："做编辑的时候出现失误，说明你的编辑能力暂时不足。做策划的时候请假，说明你没有获得足够的管理信息。想做服装陈列师，错过机会，说明你还没准备好。但这并不注定你的人生是'错误人生'。"

胜男有点惊讶地看着我。

"包括你离开编辑工作，你做策划，你参加服装陈列师的培训，这些都是你在为自己想要的生活所做出的努力和尝试。这些不是错误，"我一字一句地说，"这是你的冒险，什么尝试都有可能失败。但是，如果你都不支持自己，你就彻底失败了。"

胜男哭了，掩面而泣，肩膀抽动。我知道，她看到了那个委屈的自己。

慢慢平复情绪之后，胜男和我说起了她童年的一次经历。小学时，因为一次考试失误，成绩落后了几名，老师当着全班同学的面，把她的班干部职务给撤销了。当选班干部，是她的梦想，她还一度幻想着要在当班干部的时候帮助同学一起进步。胜男此时把这件事说出来，可见这件事对她打击很大，一直影响到现在。

静静地听完，我邀请胜男一起来做一个练习：先把至今还记得的，过往人生中发生的各种各样的"糗事""错误""挫折"都写出来，每件事用一个题目标记。我拿出一张白纸，对折了一下，递给她。

胜男拿起笔，伏案开始写起来。一件事一行，一共写了十几行。然后拿给我看。

我在半页纸的上面写下：失败透顶的人生。看到这行字，胜男笑了："也没那么失败透顶吧？"

我把另外一半掀开，又放在胜男面前："来，咱们玩一个翻转。你对照着之前的每件事，重新写一个题目，要求是同样的事实，不同的解读，结论完全翻转。"

看看我，又看看那张纸，胜男面露难色。我知道，这个过程不容易。

"我给你三个视角进行翻转。第一个视角，有些事，除了坏处，你看到了什么好处？比如，小学的时候，你被撤职，但是有了更多玩耍和学习的时间。第二个视角，从长远看，这件事给你带来的意义，比如，你辞职不做编辑，顺应了时代发展，也开拓了自己的可能性。第三个视角，即便失败和犯错误，但是你绝不会后悔，那是因为你在追求什么。比如，你因为请假被辞退，你在追求友谊，你错过了服装陈列师的就业机会，你在追求更好的可能性。"说到这里，我停下了，示意她想想看。

胜男仿佛一下就打开了自己，开始在白纸上写下各种"意义""价值""追求"。有"自由""美好"，有"成就感""充实"，还有"温暖""艺术""生活"。

一会儿工夫，就写完了，看着这张纸，胜男的脸上露出了笑容。我接过来，在上面写上：光辉璀璨的人生。胜男的笑容更灿烂了。

"现在，我们可以看看你的服装陈列师梦想了。"我把话题转了回来，"你有没有发现，你一直在追求美好的生活，希望把这种美好带给更多人；你也追求自由的生活方式，希望凭借着自己的实力养活自己。而这些追求，在服装陈列师这份职业那里，恰好可以得到满足。"

"是的，当初，我就是特别想做这个，今天听您这么一分析，我就更加坚定了。"

"那我们就一起看看，需要为这个目标做些什么准备吧。"时隔一年半，好多事情都要重新开启。接下来要做的事情特别明确：做职业访谈，联系之前的培训老师，广泛发出应聘信息，整理简历，做面试辅导。

胜男列完了计划，叹了一口气，说："还真是有好多的任务要完成呢！"

"是的，这些事情急不得，需要一件件来完成。"我和胜男说，"如果五年后，你重新回头来看这一段经历，你会对现在的自己说些什么呢？"

"我会说，别气馁，坚持住，你已经挺过了最艰难的一段时光，再跨过眼前这个小障碍，会有美好的生活等着你！"胜男的脸上闪耀着光彩。

我为胜男感到高兴，一只受过惊吓的小鸟，很快就要飞起来了。

咨询结束的时候，我给她留了一个作业：每天晚上，睡觉前，用十分钟时间和自己对一对话，鼓励和赞美自己。我知道，她可能还会摇摆，需要用这样的方式，持续地给自己能量，呵护自己。

之后的两个月里，胜男又给我打过两次电话，每次都是哭诉求职的艰难，我没说什么，就是默默地听着。等她说完了，看我没说话，胜男就会又说："老师，你说，我是不是应该继续？"

"是的，你需要继续。你可以的。你需要在挫折中总结经验。"我每次都这么坚定地告诉她。

然后，有一段时间没有了她的信息。

　　四个月后的一天，一个阳光明媚的秋日，我接到了胜男的电话："老师，我做服装陈列师了！"电话那头，是抑制不住的兴奋，"您是我第一个汇报的人。"那一刻，我也情不自禁地眼眶湿润了。

　　后来，我才知道，胜男真是不容易，好多公司都没有合适的职位。最后有一家公司说，可以先做店面销售看看，合适的话，三个月实习期满后，再转岗。结果，不到两个月，胜男就因为工作出色，业绩好，破格转岗成了专职的服装陈列师。

　　追求自由的小鸟啊，终于飞起来了。

　　是鸟就该自由飞翔，鹰隼有搏击长空的自由，小鸟也有背负青天的自由。是小鸟还是鹰隼不重要，飞多高也不重要，关键是，不要被曾经的弹丸吓得不敢飞了。

【拐角看见】

　　有一种自卑是长期被最亲近的人否定和打压的结果，以致自己丧失了追求梦想的信心。经年累月，这样的否定已经长在了心里，即便没有别人的非议，自己也会否定自己。

　　重塑信心需要慢慢来：梳理每一件自己被否定过、被打击过的事，换一个角度来看，成长是什么，价值是什么，意义是什么，给自己打气，让自己有信心面对下一个可能的挫折。

　　重塑信心需要慢慢来：每天，无理由地关照自己，赞美自己，然后再慎重地、有理有据地分析自己。

倒霉蛋的自我救赎

我做的是生涯咨询，面对的来询者也大多带着职业发展困惑的问题而来，更愿意在理性层面沟通。不像心理咨询，情绪问题更为突出。但是即便如此，求助者多半也都是面带愁容的：方向迷茫了，人际关系处理不好了，工作遇到瓶颈了，诸多机会无从选择了……

有人问我：每天做咨询的时候要面对那么多的"负能量"，会不会有时候感到心力交瘁？要不要进行自我调整？我说，不会。相反，做完咨询之后，我一般都会能量满满。秘密是：我要带着我的来询者走出那种"负能量"，就要先于来询者看到负能量背后的价值和意义，看到一件事的不同维度和视角，然后再带领来询者走出来。我的能量源泉，就是看待每件事的不同维度和视角。

我做过这么一个咨询。

生活在三线城市的周先生在银行工作十多年了，从柜员到后台，再到对公业务，几乎熟悉银行所有的基层岗位。十几年的时间，周先生并没有享受到工作的快乐，也没有随着时间的积累感受到自己对于工作的热爱。相反，他总感觉压力巨大，私下里充满了抱怨。

在他的信息收纳表里，这么写道："工作这么久，收入依旧是几千块钱，总是加班，难以兼顾家庭。我不甘心做一名小职员，但是又看不惯别人通过各种非常手段得到的晋升。工作辛辛苦苦，却总是徒劳无功，努力了没有成绩，争取了见不到起色。感觉自己总是低人一等，缺乏成就感，没有被尊重。"

在咨询的时候，周先生反复说的一句话让我印象深刻："赵老师，你说，我怎么就这么倒霉？"倒霉？是的，在周先生的解读中，他身边总有"倒霉"事：工作时进入的营业所不好，挺倒霉；遇到的上级不好，挺倒霉；一笔业务遇上了烂客户，挺倒霉；普调晋级自己差一点，挺倒霉……总之，好像这个世界所有的苦难都是他一个人承受了。

你周围有这样的人吗？他们沉醉于自怨自艾之中，像是一个巨大的负能量炸弹，随时都有可能被点燃、被引爆，周围的人都要绕着走，以免被炸到。周先生自己也明白这一点，他告诉我，连家里人都受不了了，对他说："如果真不愿干这份工作，那就想办法休病假，早点退休算了。"

周先生不甘心，他说："我还不到四十岁，怎么能就这么放弃呢？"于是，就来找我寻求"救赎"了。

在我看来，每个人的生活都会有很多的不如意，至于是不是"倒霉蛋"，更多的是看不同的人如何进行自我解读了，同样一件事，视角不同，结论就会不同。

看着眼前这个随和的中年男子，我说："来，周先生，我们做个练习吧！"我顺手拿出一张白纸。周先生赶紧说："您还是叫我'老周'吧，别人也都这么叫我。"

"好的，老周。"我把白纸简单分成了三栏。然后在第一栏写下了：倒霉事。我问他："我们就先具体看看在你身上发生的倒霉事，一件一件说，先说一些你记得住的，大一点的事情吧。"

这是老周最愿意表达的部分了，那些无人可以诉说的"倒霉事"总算有人愿意倾听了。于是，老周就一件件开始讲了起来："我挑重要的事情来说吧，最近两年发生的，一件是升职，一件是业务，一件是人际关系。"他还专门做了分类。

关于升职的事，在老周眼里，自己本来是够了资格的，但是非常倒霉，因为评价指标的调整，自己与这一次升职擦肩而过；关于业务的事，在老周眼里，这个业务铁定可以做成的，但是非常倒霉，客户公司资金链断裂，一个好业务就被做砸了；关于人际关系的事，在老周眼里，他看不惯领导的官僚作风，更看不惯一些同事的溜须拍马行为，更倒霉的是，领导竟然安排一个这样的人做自己的顶头上司。

老周摇了摇头说："一起入职的人，都比我发展得好。同样的业务，人家做得都比我的业绩高。同样的辛苦付出，就我没有晋升机会。"

我又在白纸第二栏里写上：别人做了什么。第三栏写上：自己做了什么。我问他："你刚才说到，好多事，最开始的时候，你和别人的起点都一样。现在，让我们抛开偶然因素，不去看发生了什么，只是去看，别人都做了什么，你做了些什么，有什么不同。"

这些事老周平时也没少做，他心思缜密，做了不少观察。这个问题，他有现成的答案："张三八面玲珑，李四有好机遇，王五有做企业家的舅舅；我学习了很多业务，我跑了很多客户，我总在加班，而这些，别人都没做。"

"在你的描述里，别人能升职，是因为善于逢迎，熟于暗箱操作。别人业绩比你好，是因为有背景，有资源。别人在职场上可以左右逢源，是因为不坚守原则。"我这么总结的时候，老周的脸色有些复杂，可能他也在掂量：真的是这样的吗？

我话锋一转，一字一句地说："而你，辛辛苦苦，兢兢业业，百折不挠，坚守原则，十几年如一日，你这么苦，是为了什么？"

听我这么说，老周一下就绷不住了，眼圈红了。我知道，此时，他的内心，波涛汹涌。

沉默了片刻，我继续说："对待同一件事，有不同的行为和应对方式。那么，是为了追求什么价值，让你做出了与别人不一样的选择？"

老周不再沉默了，他说："我不愿意同流合污，不想走旁门左道，我是想追求客观、公平；我不愿求人帮忙，虽然有亲戚愿意帮我，但我还想靠自己的实力，我是想追求自尊；我也知道职场上讲话需要注意技巧，不能直来直去，可我就愿意讲实话；升职的时候，我也知道学历的重要性，但没有自己喜欢读的专业，就不想随便混一个学历……"

"所以，这每一次，都是你自己的选择。"我说这话的时候，看到老周眼睛里闪着坚定的光。

我在表格的最后，加了一列：我追求的价值。请老周自己填写上。我看到他写上了：自尊、真实、公平、自由、平衡……

"有选择，肯定就有放弃。我看到的是，你拿起了这些价值，放下了一些利益。"我指着白纸上的第一栏说，"这些事情也不是什么倒霉事，而只是你的选择而已。而且，你对自己的选择，非常坚定。就像是每人只有两只手，能拿起来的东西终归有限，你只是拿走自己想要的罢了。那么，还有必要为自己放弃的东西而遗憾吗？"

"看来，我还是有些贪婪了。"老周说。他似乎明白了，又似乎有些失落。

内心的贪婪往往会让我们放不下。在恋恋不舍之间，我们就会停步不前。犹豫的时候，时光流逝，韶华不再。慢慢地，我们手中拿到的东西也变得不愿去珍惜了。人生路上，我们要做的，不仅仅是一次又一次的选择，更重要的是，珍惜自己的选择。

我对老周说："我们看到了你每次选择的价值，如果能让你的每次选择变得快乐，那还可以怎么做呢？"

"怎么能快乐呢？"老周喃喃地问，此时他不急于表达了，我猜，他肯定会想"这怎么能快乐呢？"但是，又在犹豫"或许可以吧"。

我提醒他："不要把关注点放在别人的价值上，比如，你选择了自尊，就不要再期待通过选择人情世故的方式获得升职加

175

薪；你选择了真实和自由，就不要再期待通过读一些不喜欢的学历来获得别人认同。你获得快乐的方式，可以和别人不一样。"

"那就是不升职，业绩不好，还能有快乐呗。"老周乐了。

"对，如果你用你的方式不能改变一个结果，那就试试用你的方式获得其他的可能。"

"这样也简单。比如，我可以更坦然地按照规定，凭着自己内心所想去办事，而不用顾及领导的脸色，这样会让我心情愉悦啊。再比如，以我现在的职级和资历，如果不追求一定要升职的话，我也不用那么辛苦地加班了，把分内事做好，然后就可以更好地享受生活。我也不一定非要在单位内找知己，我生活圈子里也有不少朋友，我可以多约约他们一起玩，钓鱼，烤串，喝酒，也不错……"我在老周的脸上看到了笑容。

"你有自己追求的价值，同时，还可以让你拥有更多的自由空间，更坦然的心态。只要放下对什么都想得到的执着，快乐自然就容易创造出来了。"

"这么看，似乎也没那么倒霉。不过，"老周话锋一转，"真的没有可以既坚持原则，又能获得成功的方法吗？"

"当然有了，"我笑着看老周，"那不就得修炼嘛！先让自己的心态放轻松，别总盯着别人的不对，别总觉得自己是倒霉蛋。这时候，你就可以把注意力用来关注更高级的智慧，也就是你说的，既坚持了原则，又能获得别人都认同的成功。前提是：你不要再认为所有人的成功都是靠投机钻营获得的。否则的话，若别人都是错的，你又能向谁学习呢？"

老周摸了摸脑袋："也是啊。"看来，他已经慢慢调整了自己的思维角度。

"那我给你留一个作业吧。"我可以结束这次咨询了，"看得出来，你特别善于观察，回去开始写观察日记，去记录那些同事在做事、交往中，有哪些方式可以获得成功，并且是你可以接受的。不需要很多，只要有发现，你就记录下来，然后尝试着，也这么去练习。"

"好的，我可以试一试。"老周点了点头。

转变习惯的思维模式，并不容易，增加思维的视角，也需要经年累月地通过具体事情不断练习。我没指望老周能很快变成另一个人，我只希望他能过得更加开心，状态更加积极。

半年后，我收到老周分享的好消息——他晋级了。他说，虽然这次职称评定对他来说来得有点晚，但是他非常坦然，知道了自己想要什么，也就不再觉得自己是"倒霉蛋"了。

【拐角看见】

一般来说，放在一生的角度来看，我们不会比别人更倒霉，就像我们也不会比别人更幸运。但是如何看待身边发生的这些事，往往取决于我们的思维视角，而这些视角又往往会给我们带来不同的情绪，以及会影响后续的行动。

准备给自己的人生命名的时候，别着急贴标签，而是问问

177

自己："我和别人做的有什么不同？为什么？是我做不到，还是另有追求？"

　　不一定每件事都要从别人的角度看问题，但是，至少可以做到的是，有觉察地知道自己在做每一个选择时所遵循的原则，所追求的价值，愿意付出的代价，这样才能知道现实中可能的胜算。

【调整完美模式】

目前资源可以达到的程度	对于目标的期待程度
评估，并打分	评估，并打分

问问自己：

是否接受通过过程来提升完美度？

如果不可以，那就干脆放弃。

【消除自卑最有效的两种方式】

直面挫折，迎接挑战	发挥优势，建立新的成就感
曾经带来自卑的挫折是什么 如果把这样的事情作为挑战，可以如何应对	自己的优势是什么 通过优势来建立成就感，可以做些什么

【人生翻转】

糟糕透顶的人生	好处视角	长远视角	价值视角
写出自己曾经的错误、糗事	这件事除了坏处，还带来了什么好处	长远来看，这件事给你的人生带来的意义是什么	你当初这么做，是为了追求什么价值

5

升级自我认知
遇见更好自己

　　我们永远无法确定自己的样子，因为只要不断成长，就能遇见更好的自己。

给任性一个落脚点

刚毕业就来找我做咨询的人不多，小岚就是一个。她要寻找一个与自己专业不一样的发展方向。

小岚，本来是一个性格活泼的女孩子，爱画画，爱音乐，还爱物理，爱天文，喜欢蹦蹦跳跳、叽叽喳喳。因为高考没有发挥好，与自己喜欢的天文学专业擦肩而过，阴差阳错进了一个文理兼收的法学院。

因为不喜欢这个专业，从进入大学的那一天起，小岚就感觉自己特别委屈。她说，自己就像一头小鹿跳进了羊群：和周围人没有共同话题，没有伙伴，就只能独来独往。

"你的大学生活是怎么度过的？"我很关注小岚在大学时的自我探索。

"我的大学有点苦，"小岚做了个鬼脸，"学习上懒得下功夫，成绩自然也不好，参加活动少，和别人交往也少，慢慢我就失去了信心，有一段时间感觉特别绝望，我觉得自己都要得抑郁症了。还想过要退学，被好朋友劝住了。"说这话的时候，小岚像是被阴霾笼罩了。

"有没有做过什么尝试？或者一些特殊的经历？"我提醒她。

"有一次，在系里准备青年节活动的时候，因为喜欢画画，我被同学推选参与橱窗设计。我的画作被老师表扬了，后来推荐我去找我们学校的一个美术老师聊一聊。那个美术老师说我有天赋，建议我可以利用业余时间学一些绘画。"说到这里，小岚的语调有了一些轻松。

"那后来呢，你学了吗？"我继续问。

"我了解了一下，也征求了别人的意见，最后决定学插画。"说起来轻松，可是小岚是在全力以赴。从小岚的描述中，我得知，这一次学插画，是小岚人生中的一个重要转折点。"一学起来，我就喜欢上了！"为了学插画，小岚专门在暑假参加了一个艺术学校的集训班，大四的时候，有半年时间都在利用业余时间通过网络在学。看来，她这是找到了自己的兴趣。

可是，小岚的这个兴趣并没有得到亲人的支持，反被认为是"任性""不靠谱"！毕业那年，过年的时候，和家人说起未来的就业考虑，小岚说自己将来想从事插画工作。没想到被家人们耻笑了："那还能当饭吃啊？"小岚也不好辩解什么，只是默默地下决心：要自己闯出一片天地。

想法美好，实现起来难。因为不是专业出身，靠画画就业的机会很少。而自己正在学习中，也拿不出特别的作品出来。转眼就到了毕业季，小岚并没有如愿找到自己喜欢的工作，只靠一些兼职维持着生计。家人着急了，反复劝说，让小岚回老家考公务员。在他们看来，学了法律，考公务员是一条最靠谱的出路。

"没办法，我扛不住家里人三天两头的劝说，"小岚有些无奈，"我也仿佛被他们诅咒了一样，不靠谱，没出息，找不到工作，任性……最后他们说，'你看，我们说得没错吧，你赶紧老老实实地回来考公务员吧。'"

小岚痛苦又困惑地问我："老师，真的是我太任性吗？我错了吗？"看得出，别人的指责已经慢慢内化，甚至在小岚内心养出了一个指责自己的人。这样的指责如影随形，让她处处纠结。

我没说什么，我知道，此时还不能直接回答，在没有方向之前，任何答案都很无力。"那后来呢？"

"后来就只能回家准备考试了，"小岚内心还是不服气的。"当然，也没有考上，不过，总算是交差了吧。"

"看时间，你考完试之后，也有半年时间了，这段时间你在做什么？"我对这段时间小岚的经历并不抱太大期待，一般来说，没找到方向的时候，时间都是被消磨掉的。

"这半年时间，我真的'任性'了一把，"这个回答让我有点惊讶，"我出去旅游、做义工、做编辑，做培训，还尝试过创业。反正，能试的，我都试了。"

"哦？"我好奇地问，"有什么发现吗？"

"还真有，我发现和我一样迷茫的同龄人很多！"小岚有点兴奋，"我可以帮助他们。"小岚说起了曾经支教的一段经历，去公益支教的很多人都和她一样，对前途迷茫，不知该如何选择。在他们中间，小岚的经历丰富，经常给大家出主意。那些因为与家人意见相左，而不能实现的想法，都"免费"送给了这些伙伴。

后来，小岚发现，有困惑的人主要分为两类，一类是不知道要做什么，也不知道自己喜欢什么，没有方向，没有动力。这个阶段她经历过。另一类是有方向，但是不知道该如何实践，现实中遇到了不少尴尬。这个阶段她也正在经历。于是，她就用业余时间看书听课，自学职业生涯规划，然后在各个网络平台上写作、录视频、做直播、答疑，希望把自己的经历、思考和感悟分享给别人，特别是分享给一些大学生。因此，小岚也收到了不少网友的感谢，这让她非常开心。

"所以，我就想啊，我能不能做一个'职业规划师'呢？"小岚看我的眼神有点奇怪，"像您一样，也可以帮助别人，虽然，我能力还很有限，但是确实可以帮助一部分人。"

在我的眼前，呈现出了这样一幅场景：一个提着花篮采花的小姑娘，本来有自己的想法，想要去摘自己最喜欢的花，却被人拖来拽去，一会儿要她去收麦子，一会儿又要她去挖菜，如果不按照这些人的指令去做，就是"任性"。小姑娘就被这么拉扯着，慢慢偏离了自己的方向，最后竟不知道要去哪里，就站在了路口。此时，有人来问路，小姑娘干脆停下了自己的脚步，专门给人指路。

一个没有沉下心找到自己的人，所有的旅程里，都只是过客。

我担心，帮助别人的成就感，只是暂时满足了小岚内心的没着没落。一旦发现，自己没有更多力量再帮别人，一旦发现，还是没有一个让自己安心的方向，她会再次迷失。

185

咨询的切入点，就从这里开始。

我画了一个表格，请小岚填写。第一栏：感兴趣，并希望开始做的事。小岚说，我感兴趣的事可太多了！她有些轻松，也有些犹豫："难道都要写吗？能实现吗？"我坚定地告诉她："先写出来"。"画画、天文、轮滑、写作、咨询……"

第二栏：喜欢的原因，讲出细节。写这一栏的时候，小岚开始了思考："对啊，我为什么喜欢呢？是因为好玩，还是有成就感？是因为遇到的人，还是将来的发展？是因为天然兴趣，还是熟能生巧之后的热爱……"慢慢地，小岚自己就发现了：有些喜欢的事，就只是喜欢而已，是不可能作为发展方向的。

第三栏：做了些什么。一个不去开始的梦想，永远都是幻想。一个没有付出的梦想，不会是真正的热爱。小岚开始讲起了一个个故事，说起天文的时候，说自己看过的书，去过的天文馆，拜访过的天文爱好者。说起画画的时候，说自己的写生，说自己暑假时白天打工，晚上画画，说参观画展。说起咨询的时候，说自己的学习，做过的笔记，说自己在网络答疑时遇到的有趣的事情。说起轮滑的时候，说自己不仅滑得好，还用业余时间兼职教小孩子……

在小岚的描述中，我清晰地看到了她的热爱。这么多的可能性，该是不难开始吧？那么，她为什么来找我帮她寻找未来的方向呢？我问了小岚一个问题："来，逐一说说看，不能让你坚定选择的原因都是什么？"

"这件事可以持续做下去吗？真的能够如我所愿吗？这就是

我要追求的吗？"

"再具体一点呢？"

"能不能被认可？能不能有稳定收入？能不能有成就感？将来有什么发展？"

我看出来了，小岚的顾虑是对于未来的判断，也能看得出来，周围人不断批判的意见，让小岚也失去了自信。对一个刚刚起步的年轻人来说，在任何一个方向上说确定性都为时过早。其实，这样一个需要充分探索，不断积累的阶段，也不需要确定性。只是，对于小岚来说，确定性的期待，已经把可能性扼杀了。我需要做点什么，帮助她建构自己的未来。

"在你感兴趣的方向里，有哪些是最让你兴奋的呢？"

"天文和画画。"小岚回答得很干脆。

"那你说到的其他项呢，比如这个'咨询'？"我在和小岚确认。

"本来，我还挺想做咨询的，看您发展得这么好，我想职业规划师是不是一个不错的方向。不过刚才分析下来，我又感觉，这样的事并不是我最想做的，只是一个临时的替代品而已，替代我这个阶段的空虚迷茫，让自己有点成就感。"

"不过，"小岚又说，"天文和画画又能做些什么呢？这两项都需要经过专业训练，科班出身，专业毕业都未必能做什么，我不是这些专业毕业的，未来有什么可以发展的呢？"

"是啊，专业毕业，继续延续着本专业工作。你有没有发现，你的这些说法，很像你身边那些不断评价你'任性'的人呢？"

听我这么说，小岚一下就笑了："还真是啊。我什么时候变成这样的？"

"其实，延续专业，是一种可能，而且很容易想到，似乎也更靠谱。但是，如果你学的专业本来就不是自己的兴趣所在呢，如果继续下去，就会在一个方向上一错再错。虽然不知道什么是最适合的，但你肯定知道自己喜欢的是什么，不喜欢的是什么。四年前，你选错了一个方向，现在，还要为已经错误投入的四年时间，再追加四十年的时间吗？"

"老师，听您这么说，真是把我吓出一身冷汗。"小岚表情严肃，"那可怎么办？一个是现在不做，否则会后悔，一个是未来不确定，现在难开始。"

更多视角和多元信息，是寻找路径的切入点。"多元化的世界里，可能性是创造出来的。"我提供了一些思路：

一个是做天文知识的科普。对星星好奇的人很多，懂天文的人很少，懂天文的人中，能分享的人就更少了。小岚对于天文的了解，完全可以满足很多人对星星的好奇啊！一边科普，一边学习。还可以把绘画技能和天文结合在一起，画星座，画漫画，很值得做呢。

另一个是关于画画本身的。专业的画家都去卖作品、开画展，教专业学生去了。可是对一个热爱生活，喜欢用画画的方式来呈现的人来说，本来对学习画画就没那么高的要求，专业人士又不愿教，机会不是又出现了吗？

比如，从市场和客户视角出发，可以瞄准父母这个人群。现在的父母越来越重视陪伴孩子了，而形式呢，无外乎就是玩玩具、听故事、听音乐、跳舞、画画。父母特别需要轻松提升一些技能，这样可以在陪伴孩子的过程中享受更多快乐，比如画画。可以想象，一个妈妈能给孩子轻松画出一个个有趣的动物，那多有趣啊！而且要求不高，期待的投入也不高，特别是时间投入，不用像专业学习一样花那么多功夫。

小岚笑了："我一个下午就能教会一个成年人基本的绘画技巧，还能画好几种动物呢！"

"好啊！机会来了，现在有那么多在线培训的平台，开一门简单的画画课吧，名字就叫：拿起笔，就能画画！

"一旦有了知名度，就可以慢慢做一些收费的线下培训，一个周末的下午，三两个小时，十几个人，这将是一笔不错的收入。作为兼职，就很合适了。当一个人生活得越来越从容的时候，才会想到更好玩的东西。"

路径设计得越来越细致了，小岚的脸上也露出了笑容。

这个世界，有多元的需求和呈现，这个时代，给我们提供了各种便利。其中，一定有我们可以立足发展的空间。越是难以预测的未来，越是充满了可能性。随着个人的持续发展，资源增多，前景也会越来越明朗。我相信，小岚的创意比我多。

咨询结束后，小岚就开心地找工作去了。

一天，我收到小岚发来的一个链接。打开时，看到一个参与人数超过一万名的课程。名字就是：拿起笔，就能画画。

我想，小岚的家人此时也能理解她的"任性"了吧。

【拐角看见】

　　被别人视为"另类"和"任性"，很可能就是你的"独特性"和"追求"。不要被别人的评价左右，也不必和反对声音对抗，难于被周围人认可的时候，尝试跳出小圈子，通过升维认知和丰富信息来提升自己。"任性"，需要有可以任性的能力。

　　珍视自己人生经历中的每一次尝试。梦想家最大的特点就是：会为自己的想法做出努力，而不是让这些想法止步于一时兴起。当开始尝试的时候，想法就有了痕迹；当开始努力的时候，就有了进一步的反馈调整。在这个过程中，资源就开始增加。"不靠谱的""任性的"想法，就越来越清晰、靠谱起来了。

这个游戏工程师有点倔强

"我很喜欢争论，和朋友，和父母都这样，别人的建议，我总听不进去，总想反驳他们。大家都说我很倔强，你说这样是不是不好啊？"咨询一开始，程强就问了这么一个问题。

在没有搞清楚问题之前，我当然不能直接回应。"你是说，你会坚持自己的观点吧？坚持自己观点的方式有很多，表达自己的观点，阐明自己的边界，这和倔强无关。"

"你的这个说法，我还是能接受的。"程强点了点头，表情放松了一些，"父母长辈总说我性格倔强，年轻不懂事，我是不是该听他们的呢？"程强继续提问，我想，这个问题背后肯定有故事。

"这要看看是什么事了？"我顺着问。

"父母想让我考公务员。"说完，程强就抬头看着我。

我猜，这正是他来找我咨询的事情，"详细说说。"

程强是一个游戏工程师。要说，计算机专业毕业，又是一个资深的游戏玩家，游戏工程师的工作对程强来说，是一个挺合适的选择。可是，他最近刚刚辞职了。

为什么辞职呢？

"我不喜欢做工程师，不喜欢总写代码，我总和领导的思路不一致，我对项目的进展也不满意。"程强一连说出好几个不喜欢，语气中带着情绪，情绪里也有故事。

"具体说一说。"

"我不想做了，继续下去，似乎也没什么前途。"程强说，"做工程师的，干到一定程度，就会遇到瓶颈，对身体的损害也挺大，关键是也没什么发展。我之前的同事，跳槽去了其他公司，开始时，薪水涨了两倍，可是不到一年，又回来了。说是根本适应不了那样的工作节奏。"

"所以，我就想，早早做规划。"

"这是你纠结父母劝你考公务员的原因？"我有点纳闷，这个选择和"倔强"有什么关系？

"对，当初，我就没有听他们的话，打游戏，荒废了学业。好在后来抓紧学习，考上了大学，还学了计算机专业。毕业的时候，我也没听他们的话，没有去找'稳定的'工作，去了游戏公司。现在发展成这样，我在考虑，要不要趁着现在还年轻，回去考公务员？"

"那你的观点是？"

"家里人说，这年头，还是公务员的工作稳定。"没想到程强先是从家人的观点说起，"我觉得也是，干我们这行的，有过度劳累的健康问题，有 35 岁被淘汰的危机问题，有将来不知道如何转型的问题。我就想，得早做打算。"可还是没说如何打算，我感觉他心里藏着话。

"嗯，将来的发展、稳定性、身心健康，这些都是你考虑的因素。那么，你都有什么选项呢？"我继续问。

"公务员算是一个吧。"说出这个选项的时候，程强有点为难，"不过，在我印象里，公务员的工作会是非常呆板的，没有挑战，没有自主性，缺乏自由，我的创造力也无法发挥。"

"哦？你特别看重挑战、自主性、自由、创造力发挥？"我重复着他的话。

"是啊，所以，才放不下现在这工作。"程强像是忽然想到什么，"如果考研，算不算一个选项呢？"

我感觉到了他的期待，就等他把所有的想法都说完，"你对考研的考虑是怎样的呢？"

"提升学历也很重要，硕士毕业之后，如果再工作，薪水可能也会高一些，或者到时候再考公务员也不晚。"程强认为考研或许可以兼顾之前的选项，至少是一种缓冲，"不过，我就是担心，考研也不容易，何况我的英语也不好，复习起来还是件难事。备考过程中，我也不能总啃老吧？再说，读完研究生出来，年龄有点大了，可能就要过了三十了。"

看来，他对这个选项，也是充满了顾虑。到这里，我并没有觉得，程强有什么"倔强的表现"，反倒觉得，他考虑的每一件事，都参考了别人的意见。

"公务员、考研，除了这两个你正在考虑的选项，还有吗？"我问程强。

"现在的这个工作，还算一个选项吗？"程强问得有点小心翼翼，似乎这里藏着一个不敢触碰的伤口。

"是啊，游戏工程师这个工作，你怎么考虑的？刚才，你好像是说不准备继续做下去了？"我把咨询的思维重新拉回，不过，我觉得，程强其实一直停在那里，并没有走开。

"也不是不准备继续做下去了，遇到合适的还好。"

"你刚才说到，你很看重挑战性、自主性、自由、创造性，游戏工程师可以满足这些吗？"我看了看刚才的记录。

"算是吧。"

"比较之下，职业的发展性、稳定性、身心健康，以及挑战性、自主性、自由、创造性，你更看重哪些呢？"从实现的可能性上看，不管是考研，还是公务员，或者是继续游戏工程师工作，其实都是可以达成的，关键是程强自己更看重什么。

程强犹豫了，"我觉得，都挺重要的。"他把眼光落在了我的记录纸上，"如果单纯从我自己的内心想法来说，"他停了一下，"我肯定倾向于不回老家，不做公务员，还是做游戏工程师，可是……"

"你担心什么呢？"我看出他有些纠结。

"我担心我太倔强了，没听他们的话，到最后还是错的。"听了程强这话，我脑子里忽然蹦出一个词：诅咒。程强像是被人贴上了"倔强"的标签，于是，在做决策的时候，总会认为自己是在和别人对抗，而不是出于内心的想法。这会很影响他的自主判断。

"你这不是找我做咨询了吗？是否倔强，不仅要看是否坚持一个观点，关键还要看，坚持的原因，看你是否充分考虑了各种因素。"我带着程强一起回到选项本身，"我们就一起来看，游戏工程师这个工作所能满足你的价值，是不是你最想要的？"

"价值倒是能满足的，"话说一半，程强就停下了，"关键看公司。"我想，这里面还有故事。

"你刚才说游戏工程师的发展不确定，又比较辛苦，这些是你不能接受的吗？"我想帮他确认。

"也还好，说实话，我也没有想太远。"程强顿了顿，"毕竟，这是将来的事情，一个行业发展得慢，可能就是稳定。一个行业发展得快，我要做的就是努力跟上。"他说的似乎很有道理。我在想，他的顾虑到底在哪里呢？

"我没有太明白，既然，你觉得可以接受这个职业的不确定和辛苦，那又在犹豫什么呢？"作为咨询师，我知道，真诚是实现专业有效必不可少的态度，我需要在短短的咨询中帮助客户梳理困扰其很久的纠结。

"我担心，我胜任不了这份工作。"我想，终于又回到了原点。

"那就来说说你前两年的工作经历吧，包括为什么辞职。"这部分是开始咨询的时候就被绕过去的，现在，火候到了，要重新梳理。

开始，程强只是说自己不喜欢，不想做，并没有讲到具体原因。这会儿，程强才告诉我，离开上一份工作，是有些"被动的"辞职。为什么？因为他跟不上项目的进度，因为能力不足吗？好像不是，因为程强一直在强调，自己在创新，在尝试，效果也不差。

"你说的跟不上项目进度，和自己的尝试创新是什么关系？这些都是上级要求的吗？"我认为这是一个关键点。

"不是，我总是会先做一些尝试，然后再完成规定的工作，我尝试的方案一点不比他们的差，我是一个人在做，他们是一个小组。"说这话的时候，我看到程强有一些自豪。

"我不太明白，你一个人，他们一个小组，你们是竞争关系吗？"我有点糊涂了。

"不是，我们承担了不同的任务。"

"那你为什么要尝试他们的任务呢？"我更糊涂了。

"因为我的工作太简单了。"我问一句，他回答一句。

"你能力那么强，为什么不主动要求有挑战的工作呢？"

程强沉默了好一阵。

"我怕，我总不敢承担责任。"这又是怎么回事？这次，我不再问了，等着程强自己说。

程强告诉我，在工作中，凡是遇到单独作业，或者领头作业的事情，他总是往后退缩。倒不是能力不行，而是不敢承担责任，害怕失败。退缩，并不是不做，而是悄悄地做，会在工作之外做一些尝试创新，甚至会写几个方案。事后，自己对比，发现结果还不错。只是这样一来，时间都耽误了，自己的项目进度总是延误。为此，上级给了他两次警告。

"你并不是能力不行，这个是通过实践已经证明了的，为什么会不敢承担责任呢？"

"我怕出错，特别是，如果带着一个团队，责任就更大了。"

我忽然意识到了什么："你不敢承担责任，害怕出错，这和每次你自己面临重大生涯决策的时候，总认为自己'倔强'会不会有关系呢？"

"或许是吧。"程强没看我眼睛。

"以前，别人说你倔强，或许是因为你坚持了自己的观点，这种坚持，有些有道理，有些可能因为年龄、视野、能力所限，让你做出了一些现在看来不够正确的决策。可是，现在的你，已经有了很多的成长，具备了可以独立做出选择的能力。你看，为了避免决策偏颇，你还专门找到我来帮助你。已经不能再用'倔强'来评价自己了。"我继续讲，"所以，你不用再和谁对抗，也并不用担心你的决策会受到个人风格的影响，只要有客观、全面的考量，你可以做出适合你的选择，也需要为此承担责任。"我想，我需要帮助程强摘掉"戴在头上的帽子"。

程强点着头，他的眼睛亮了。

"你看，在工作中，你偷着做尝试，就是为了追求挑战、创造，但你又不愿承担责任，想要维护你的安全感。看似两者都想兼顾，但实则因为缺少机会，你失去了真正的挑战和创新的机会，并且因为没有抓住这样的机会，也失去了持续发展的可能性。"

"原来是这样。"程强像是忽然明白了，"看来，我那不是倔强？"

"恕我直言，我看到的，不是倔强，而是胆怯。执着于一种选择，不去考虑价值得失，是倔强。而明知道自己想要追求什么价值，却不敢主动争取，就是胆怯。倔强，是在和自己的无能置气，会成为一种干扰，让你看不见自己。"

"这么说，我还是应该继续做游戏工程师？"程强问我。

"没有人能回答你，其实，也没有人能左右你。你可以清晰地讲出自己的追求，然后理性地、大胆地争取。"

程强似乎一下释然了："我明白了，我要争取自己的机会，还要回到游戏公司，这才是我的'菜'。不考公务员，也不考研究生，这不是倔强，是选择。如果原来的公司要我，我就回去，不行的话，别的公司也可以。我要努力在一年内做到产品经理。"

"用一句话总结我们的咨询吧。"我提议。

"我已经从倔强中蜕变了！"我看到程强脸上洋溢着喜悦。

一年后，我收到程强发来的一张照片，他拿着一张工牌，上面写着"产品经理"。

【拐角看见】

在生涯发展过程中，做决策、做选择的时候，我们会受到各方面的干扰。父母之命、社会之言、别人比较、失败挫折、各种诱惑，都会干扰我们寻找内心，遵循内心。坚持自己，和倔强无关，和对抗无关，这是一种明了内心之后的宁静和笃定。

倔强有两种：如果能够开诚布公地叫板，并且把自己认为对的事情做到底，就是坚韧和执着；如果只是不敢承认自己的无能，赌气跑向了目标的反面，那就是固执和犟。二者的区别是：是否扔掉自己的情绪，抛掉别人的看法，不顾及暂时的限制，做内心认可的事情。

职场战士升级的钥匙

职场上有一类人像战士一样，一入职场，就表现出很强的执行力和极高的职业素养。他们善于学习，很快就能承担重任，工作中，他们追求极致，精益求精，善于沟通，拥有良好的人际关系。这样的人往往很快就能独当一面，得到晋升，是职场中的"明星"，被人们视为"成功人士"。

然而，他们也很容易陷入"焦虑"，特别是在持续冲锋之后，陷入因为迷茫而产生的焦虑之中。

丽萍来找我做咨询的时候，就表现出了这样的焦虑："能不能尽快约咨询？我已经在家休假半个月了"。看她的简历，有着耀眼的教育背景，有着光鲜的职业经历，还有丰富的企业融资经验。这样的人生，她的焦虑从哪里来呢？

在一个夏日的午后，丽萍如约而至。齐耳短发，紫红色亮丽的商务套装，白色的高跟鞋，处处显得那么干练。我请她坐下，然后请她再说说咨询的诉求："我看到你说希望通过咨询了解自己的潜能，能不能具体说说？"我知道，对她来说，了解潜能肯定不是目的，我可不能头疼医头，脚疼医脚。

"我特别想知道自己最适合干什么。"说这话的时候，丽萍特

200

别淡定、自信、果断，还透着一种急切。丽萍顿了顿，看到我期待她继续说下去的眼神，她补充了一句："就目前这份职业来说，我应该是很满意了。但我就是还想知道，有没有更适合我的发展方向。"

听她这么讲，我产生了一个好奇：以她的职业经历来看，应该建立了足够的自信，而且对自己的领域足够熟悉，为什么还要求助外行人探索方向呢？即便这个人是专家。看来，她已经意识到，这不是一个职场信息能解决的问题。

我点了点头说："那我们先说说你目前的这份职业吧。"我知道一个人向外探寻的时候，不要着急和她一起看未来，因为她正是因为不清楚未来的方向才来求助的。我们要先回去看源头，找到最初打破平衡的那个因素。

"说什么？"丽萍一愣，显然没有收到我的邀请。

我调整了问题："做了这么多年，你喜欢你的职业吗？"

"一直没太想这个问题。大学毕业就入了这行，刚开始的时候，就是想着怎么把工作做好。做着做着，就喜欢上了这份工作。"丽萍很真诚地说起了自己的职业，"这些年也不容易，从一个什么都不懂的傻妞开始，一点点做起来，就是有股子闯劲。慢慢地适应了工作，到后来，能独当一面，再后来，经历了各种行业变迁、公司危机……种种历练之后，终于有自信了。"

丽萍忽然转移了话题，"不过，最近总在想一个问题：我只能做这个职业吗？我怎么感觉自己和企业、和行业绑定了呢？忽然有一种危机感，如果不做这个工作，如果不在这个圈子里，我还能做什么呢？我能不能自己独立生存？"这是很多职场人面临的问题：他们要追求自己的独立价值。但如果能看到每个人终究是处于某一系统中的一份子时，或许这样的问题就从"独立价值"变成了"价值放大"了。

"为什么会有这样的想法？"我先记下两个字：价值。然后，跟上丽萍的思路。

"有段时间工作特别忙，忙得我没有了自己的生活，先生表示了不满，我自己也特别累。"丽萍脸上露出一丝倦怠，"于是我就问自己，工作的意义到底是什么？那段时间，我特别想辞职，但还是告诉自己要冷静。我选择了休假。我告诉自己：我得有价值，我想更自由。"

或许，此时有人可能会说，这是因为太辛苦了，需要调整工作的节奏，保持生活平衡。但我想，丽萍肯定知道这些，之所以难以调整，并不是因为忙碌，而是因为缺少方向。忙碌的日常不能合乎内心的时候，每一份忙碌都是对于生命的消耗。在不同的人生阶段，一定会考虑不同的问题，就像游戏过关时的不同任务一样。这个阶段的丽萍，并不是要放松调整，而是寻找方向。

于是，我又写下两个字：意义。

"在过去的职业经历中，你的价值主要体现在什么地方？"我接着她的价值继续问。

"能拼，敢于承担，能应对各种突发事件，任何事情，老板交给我都会放心，我给人的印象一直以来都是'靠谱'。"丽萍非常清楚自己的价值。

"说件具体的事情吧。我看你在咨询信息表中讲到，在第一份工作辞职的时候，被领导挽留。详细说说这件事。"

"这是好几年前的事情了。第一份工作做得还不错，只是因为先生换了工作，我们家从深圳搬来北京，不得已辞职的。"

"那说说看，领导为什么极力挽留你呢？"我感觉到，这里面一定有故事。

丽萍说起了最初的那份工作，让她印象最深刻的是有一次组织大型会议。本来是作为助手工作的，因为主管家中遭遇变故，她临时顶上，在经验基本为零的情况下，硬是把一场大会组织得井然有序，受到了客户的热烈好评。

关于这件事，我问了很多细节，"为什么当时领导没有再增派新人？""为什么在那么大压力的情况下，你还敢于承担？""遇到不知道的事情是如何处理的？""有没有想过事情办砸了怎么办？""那些有创意的小点子都是怎么来的？不担心违背常规吗？这个过程中，是如何与领导沟通的？"

我们聊了半个多小时，最后，我问丽萍："这件事，在你看来，每一步都是再正常不过的选择了，你能不能提炼出关键词，来说明你这么做的原因？"

"责任心。"想都没想，丽萍回答道，可能，她一直都这么想的。

"说说你所理解的责任心？"

"说简单了，就是在其位谋其事。说高级一点，一个人的价值，就在于别人的信任。"丽萍言简意赅，说出了职业发展的本质，"在我心目中，一个职场精英，就是一个对得起别人信任的人，对待每一份交办的工作，如果都能百分之一百二地达成期待，这个人错不了。"丽萍说得斩钉截铁。

丽萍是一个战士，使命必达，也享受做事过程中的快乐。但这也可能是她遇到挫折的原因。

"具备责任心，超预期地完成任务。这样的职场人，在职业发展过程中，遇到的最大挑战是什么呢？"我开始和她探索另外一面。

丽萍想了想，"遇上一个糟糕的上司呗，比如有些领导，胡乱指挥，下属也就只能跟着乱折腾，最后没有什么成果。"停了一下，丽萍接着说，"不过，我还算幸运，遇到的上司都是很有管理能力的人。只是，三年前，我开始管理一个团队了，遇到了各种麻烦，人际关系处理不好，下属不够给力。有时候，我就在想，我会不会就只能做一个糟糕的管理者？"

"这是你目前阶段最大的困惑吗？"我忽然这么问，丽萍有点迟疑。

"算是，也不算是。"犹豫了一下，丽萍说，"这件事确实使我很困扰，但是，我最迷茫的，还是方向，如何更好地发挥自我价值？"

之前是战士，现在做了将军，用之前的标准要求自己，要求事事完美，事必躬亲，发现不太奏效的时候，开始否定自己，攻击自己。进而，想要换一条路径来追寻价值，想要重新思考意义。我想，需要带这个战士升级到将军的思维模式了。

"你之前的职业经历中，有没有最让你佩服的上司呢？"

"有啊，我之前的上司就很让我佩服。很有领导力，在细节上善于沟通，体贴下属，工作安排上有格局，跟着他做事，就愿意全力以赴。"丽萍想到了什么，"三年前，也就是因为他的离职，我才被升职的。他出去创业了，本来，我想追随着出去，家人不同意，因为那么做确实有很多不稳定性，思考再三，还是算了。"

"如果，你的这个上司来做你现在这份工作，你觉得，他会怎么做呢？"我缓缓地问出这个问题。

"嗯，他肯定比我做得好多了。"然后，丽萍就陷入了沉思。

此时的咨询室里，仿佛多了一个人。丽萍的上司仿佛就站在旁边，安静地注视着丽萍，又似乎要给她一些建议。

过了一会儿，丽萍抬起头："我大概想得出来，如果现在的工作交给我原来的上司做，他会关注几个关键项目，这几个项目对于企业有很大价值。"丽萍顿了顿，"嗯，我明白问题出在哪里了，不是工作本身没有价值，是我的能力不足——不仅缺乏前瞻性，重要的是，我还是在躲避带团队。"

丽萍说起了三年前上司离开时的失落，说起了自己开始做管理时的手足无措，以及后来出现的逃避、倦怠。战士的光荣来自成功完成每一个任务，将军的光荣来自排兵布阵，带领团队完成它。战士和将军之间，总有一条需要奋力跨越的鸿沟。丽萍就是掉进了这条沟里。

我知道，现实的困难给人带来的打击是持续的，并不会因为在理性上有了意识，就可以快速调整。对于丽萍而言，虽然知道

205

原因出在自己的管理能力上，但在找不到一条绳索之前，她还是很难爬出一种价值失落的状态。我要帮她找到这条绳索。

"你刚才说到，让你成为一个优秀职场人的关键词是责任心。那么，你认为，成为一个卓越的管理者，关键词应该是什么呢？"

丽萍开始了思考，我想，此时，她眼前一定出现了之前的优秀上司。"应该是格局和胸怀吧，类似责任心的一种东西，却又完全不同。对于好的管理者而言，他们看重的是一个团队的得失，看重的是整体部署。"

"让他们有这样格局和胸怀的原因是什么呢？"

"使命感。"丽萍恍然大悟，脱口而出道，"是的，是使命感。有使命感的人，不会计较一时一事的得失，会很智慧地有所放弃，也会善于发现和鼓励每个人的优势。"

"对于你来说，使命感意味着什么？"

"这是我之前并没有太多思考的话题，我之前只是想着怎么把事情做好。即便是管理团队，我也在想，是不是需要提升管理能力，调整管理策略，为此，业余时间，我参加了很多学习课程。但就是感觉没找到关键点，所以，就会很累。或许也是这个原因，才让我有了倦怠感吧。"丽萍的思考越来越深入了。

"有了使命感，就抓住了关键。或许反过来，一件件事情积累起来，也更容易找到使命感。你现在怎么看呢？"

"我准备找找使命感，就像找一把钥匙。或许，使命感也是分层的，家国情怀是使命感，行业发展是使命感，企业兴衰是使命感，一个团队的发展也是使命感。我得从距离我最近的使命感开始。"

"没准，你会发现，你的责任心和使命感是相通的呢。"我补充道。

丽萍点了点头："还真是。我明白了，从这个角度看，我不需要与过去割裂，不需要重新开始。我过去做出的成绩仍然都是我的优势，我需要升级到一个管理者视野来看问题。这样，我的价值就数倍地放大了。"

"你是可以选择的，既可以选择做一个战士，也可以选择做一个将军。但不管哪一种角色，都是依靠一个系统来实现自我价值的。一个人价值的实现，就是在他自己的角色位置上，充分发挥作用。"

这段话让丽萍放松了很多。

"这么看，我之前觉得心很累，是因为还在用战士的心态来看自己的能力不足，就觉得自己没有了价值，被困在了那里。才想到要去追寻自由，要寻找工作的意义。"

我准备结束咨询了："那么，你现在准备怎么做？"

"就像你说的，我是可以选择的。我愿意花时间找找自己的位置，找找自己的使命感。如果真是不行，我还是可以退回去，做一个战士。"

"那可能就是兵王了。"

半年之后，在一个商学院的活动中，我看到了丽萍，她正在用业余时间参加一个学习项目。她专门过来和我打招呼，"赵老师，钥匙找到了，门都打开了。"我们会心一笑。

身处黑暗时，我们不需要一个明确的答案，只需要一束光，来照亮前行的路。

光，在我们自己心里。

【拐角看见】

职场上，有些人是战士型的，执行能力强，冲锋陷阵，使命必达。战士型的人很容易遇到的职业瓶颈是：一旦缺乏明确的方向感和归属感，就会陷入迷茫的倦怠之中。要么给自己找一个方向，要么给自己找一个引路人，要么，就把自己升级为将军。

当我们寻找工作的意义，或者自我的价值时，要多考虑考虑自己的独特性：工作方式的独特性，能力优势的独特性，环境的独特性……甚至是藏在失败挫折里的独特性。找到它们，那个独属于你自己的价值意义就找到了。

"很不错先生"的内在自我

咨询的时候，我经常会遇到这样一类人：

他们不知道自己想要什么，只知道自己不喜欢什么。在社会的洪流推动之下，他们漫无目的地活着，内心像是被掏空了一样。有的时候，他们也很忙碌，但静下来的时候，他们感觉自己像是钻进旋转笼子的仓鼠，只是在疲于奔命，即便能力再强，也像是给别人活着。他们说不清楚自己糟糕的状态到底属于什么情绪，说是焦虑，好像并没有什么压力，说是迷茫，似乎又有着做不完的事情。他们想让自己快乐一点，却对什么事情都提不起兴趣，一旦闲下来，就不知道该如何打发时间。

在我看来，他们其实都缺乏一种意识：自我的意识。他们的自我像是被压扁了一样，没有色彩，没有内容，没有滋味，生活里填充的都是"别人的要求"。于是，在别人看来，他们"很不错"。

刘欣就是这样一位"很不错"的来询者。来找我咨询的时候，他刚刚辞去了一份在别人看来"很不错"的工作。

刘欣在国企工作，26 岁的他，成长过程中都是被"好学生""好孩子"一路夸过来的，从来也没有做什么出格的事情。

大学学的化工专业，毕业就进了专业对口的行业，在一家大型国企做技术员，收入也还可以。这样一份令亲戚朋友羡慕的工作，刘欣自己却怎么也喜欢不起来。他说，每天都做着重复烦琐的事情，人多事少，工作环境压抑，感受不到活力，没有热情，还得学会处理复杂的人际关系，要学会看领导脸色。这让他感到上班很痛苦，才工作两年，就感觉"像是老了十岁，心力交瘁"。

来咨询，刘欣就是希望看看在辞职之后，还可以做些什么，这个问题，连他自己都毫无头绪，无从下手。他说，目前的状况，比辞职前更糟糕，原以为辞职就能放松，不用再考虑让人心烦的人际关系了。可闲下来之后，开始两天可以安稳休息，一周以后，就感觉百无聊赖。

同时，另外的焦虑也来了：因为情绪不佳，和女朋友也分手了。"她是个好女孩，一直都很支持我。是我不好，最近又特别焦虑，老是发火，还是分开算了。"父母那边，因为没在一起住，辞职的消息就没有告诉他们，刘欣担心，如果再找不到工作可怎么办？"他们不会关心我是不是开心，只会关注工作稳定不稳定。在他们看来，我就是吃不了苦，如果辛苦工作，赚了钱，买了房，买了车，结婚生孩子了，他们就开心了，可那并不是我想要的生活！"

听到这里，我问道："那你想要什么样的生活？"

"我想要自由的生活！"说完，刘欣自己就停住了，过了一会儿，又说，"我想做我喜欢的事情。"

"那你又喜欢做什么呢？"

"我喜欢的事情太多了，弹钢琴、英语口语、公众演讲、主持人……"列举了一些之后，刘欣反而不说了，面露绝望之色，"这些兴趣有什么用呢？是不是都没法作为职业啊？"眼神里，他分明是在向我求助。

我的脑海里立刻浮出这样的一个画面：一个浑身被绳索捆绑的人，惊恐地从一间黑屋子里跑出来，跑到了院子里，跑到了路口处，却忽然迷路了，我要去哪里啊？这时，耳边响起了一群人追来的声音：快回来，别跑！

刘欣的焦虑，可想而知。

他的担心也不无道理，很多人认为，兴趣毕竟是兴趣，而且有些兴趣被视为"不务正业"，顶多算是一种正经事情之外的调剂休闲，这能做成大事吗？这可不稳定哦。刘欣此时的纠结非常清晰：一方面，希望能够满足"别人的"期待，做与专业一致、稳定、靠谱的工作。这是他所处的社会系统的要求，如果不满足这样的要求，他就会感到压力。另一方面，如果满足了"别人的"期待，自己又会不开心，他想做自己喜欢的事情。他想说服别人，也想说服自己：喜欢的事情是有前途的。于是，他就在这两者之间奔跑，郁闷了，不开心了，就折返回来，辞职了，待业了，又会出现新的焦虑。

这就像两个小人在打架，一个是在社会价值观影响下的傀儡自我，一个是真实内心的自我。一直以来，傀儡自我总是占据着舞台，真实自我总被打败。即便有一天，真实自我独自站在舞台上，因为内心孱弱，他也会站在台上不知所措。

"我来讲个故事吧。"人们都喜欢听故事，我来编一个。

"有一对兄弟，因为家里经济条件不好，哥哥早早就开始工作养家，有了收入之后，拿出来供养弟弟上学读书。兄弟俩都知道，只有读了书，见了世面，有了可以在社会上交换的筹码，才能过上好日子。

"有这么几种结果：最好的结果是，弟弟学习很好，长大了，赚了钱，对哥哥很感恩，帮助哥哥，家庭和睦。另外一种结果，弟弟无心学习，或者哥哥把弟弟叫回家一起工作，总之，弟弟没有完成学业，哥俩都在打工，日子一直都是勉勉强强。还有一种结果，弟弟在读书的时候，就对哥哥很嫌弃，感觉自己了不起，不感恩自己的学费是哥哥辛苦挣来的。看到弟弟这样子，哥哥也没了动力，结果弟弟书没读好，两个人的生活也没有改变。"

听完故事，刘欣的表情有点懵，似乎在问我："这和我有什么关系？"

我对刘欣说："有没有想过，这个故事里的哥俩就是你目前的职业状况。你原来的工作，能养活你，就像是故事里的大哥。你有兴趣爱好，并且期待成为自己的职业，有所发展，但是目前却不能以此谋生，就像是故事里的小弟。如果你的兴趣还不具备足够的能力，又不喜欢现在的工作，那就像是最后一种情况，小弟嫌弃大哥，最后谁都没有过上好生活。

"和故事里的情况一样，你现在也有三个选项。第一，你有足够的储备，能养家糊口，那就努力支持小弟发展，让自己的兴趣成为职业。这也是把自己喜欢的事情做成职业的最短路径。第二，你没有足够的储备，这个储备不仅仅包括经济储备，还要能扛得住周围的压力，那就得委屈大哥挣钱养活小弟。也就是说，你得先找一份"稳定靠谱、做得来的"工作，用业余时间发展兴趣，在将来，实现转换。第三，降低生活成本，做喜欢的事情，从简单的工作开始，同时，努力提升相关的能力，为了更好地发展做准备。就像是让小弟半工半读。"

"你会怎么选呢？"

"其实，我有点纠结。"从他紧皱的眉头看得出来，此时，他内心汹涌澎湃。"我不知道选择之后会怎么样，兴趣真的能发展起来吗？就像是小弟读书能读得出来吗？一边做自己喜欢的事，一边提升自己的方式行不行得通？就像是小弟半工半读吃得消吗？还有，如果找了一份稳定的工作，会不会影响兴趣的发展？就像是大哥会不会干扰小弟发展？"

我知道，此时的刘欣已经向前走了一步，他说出了关键问题，就说明已经在为"自我"寻找出路了。我拿出一张白纸，"那我们就来评估一下可能性吧。"

我把白纸对折，一边写上：一份工作中，我最受不了的因素是。另一边写上：一份工作中，我最希望出现的因素是。

然后，让刘欣填写，分别打分、评级。在"最受不了的因素"中，按照难以接受的程度排序，在"最希望出现的因素"中，按照期待的程度排序。

"那么现在，你写一写可能想得到的所有职业选项。"我又递给刘欣一张白纸，"竖着写，每个选项单独一行。"

等他写完，我在职业选项最上面一行写下了他刚才列举的各类因素，告诉他："来，对应每个职业选项，如果有相关的因素，不管是难以接受的，还是希望出现的，都打钩。"

等他写完了，我问他："你有什么发现吗？"

刘欣说："我忽然发现，对于之前的那份工作似乎也没有那么多的讨厌了，抛去人际关系的问题，其实，也还是有我喜欢的地方的。更何况，结合其他的选项一起来看，我还能看到彼此之间的关系，这样，就会对有些选项更加容易接受了。"

"嗯，还有什么呢？"

"选项太少了，还有什么选项适合我吗？"刘欣像是在问自己。

"选项少，是因为你之前并没有发展过，比如，你的兴趣有没有得到过拓展？比如，对兴趣可以形成的职业有没有做过探索？在我看来，这也是你纠结的根本原因：因为没得选，所以，才会纠结。而没得选，正是因为你没有发展过。就像是刚才故事里的小弟，才刚刚上了小学，就让他出去打工，也做不了什么。这个过程，急不得的。"道理很简单，但此时我再讲，刘欣就像是忽然明白了。

"那我们看看该如何培养小弟吧！"

接下来，我提供了几个思路。

"第一，通过别人的眼睛来唤醒自己的信心。比如，可以在朋友圈求评论，让大家说说他们眼中的你有什么优势特点。再比如，一对一地找一些你感觉有智慧又了解你的朋友来说说你的最大优势。

"这么做的目的，是帮助你恢复信心。你现在辞职在家，失

214

去了一个可以依赖的系统，还没有找到新的工作，很容易对自己失去信心。一个人陷入谷底的时候，视野往往容易受限，会消极悲观地看待自己，对以往的兴趣、优势、可能性视而不见。他人的评价至少可以暂时帮你稳住脚跟。

"第二，通过自己的尝试积累梦想的能力。

"可以专门准备一个'梦想笔记本'，把你平时能够想得到的小梦想都记下来，尽量详细和具体。然后，一有机会，就为梦想做准备，实现了一个，就在一个梦想上打钩。慢慢地，你就会因为一个个梦想的实现，而对自己有了更多认识，你就更容易大胆地说'我喜欢什么'，那是因为你尝试过什么，也更容易大胆地说'我能做什么'，那是因为你做成过什么。在这个过程中，你的'自我意识'就慢慢建立起来了。

"第三，打败心中恶魔。

"在内心不太坚定的时候，心中像一定会有各种怀疑恶魔一样出现，它们会说：'这个靠谱吗？你不会是在做梦吧？你好像没有什么优势啊！要照顾别人的想法。这样的风险太大了，不值得……'稍有不慎，你试图建立起来的那个'自我'就会被打击、重扁，甚至一蹶不振。寻找自我，认可自我，培养自我，这是一个看似理所当然，却并不容易的过程。要经过几轮的摇摇晃晃，才能站得起来。甚至在这个过程中，有人会给自己找一个合理化的借口——'我也努力过，只是不成功'，然后就偃旗息鼓了。"

"是啊，赵老师考虑得周到，我也有类似的担心，担心自己意志不坚强。"刘欣说道。

我告诉他一个排除干扰的方法，还是拿出一张白纸，还是对折，先在一边写上：你对自己的批判，也就是那些"内心恶魔"的声音，然后在另一边写上：你的自我应对。然后说道："这样会有两个结果：要么战胜了恶魔，那就大胆去做；要么无解，找不到可以降低风险的方法，自己也很难接受冒险的后果，那就对自己进行一个刷新的评估——自己目前的能力资源如何，可以承受的风险如何，还有什么可能性是自己可以在能力范围内进行尝试的。"

这样的梳理明明白白，而不是任凭一些无缘无故的担心成为噪声干扰自己。我告诉刘欣："真实的自我并不是任性地为所欲为，也不是对自我的无限放大，而是要在社会规则和框架下获得内心的最大价值。"

所谓梦想，并不是激励他人用的，而是自我的一部分。鸡汤里讲到的"勇气""信心""坚持"，都是梦想实践过程中必然产生的。当一个人期待"自我"长大的时候，梦想一定会产生，渴望自我实现的动力就会让你产生勇气，在一次次靠近内心的时候，信心就会让自己出现"坚持"的结果。

有些人之所以找不到"自我"，那是因为从来没有支持过自己的梦想，缺的课，迟早要补上。刘欣的咨询做完了，而他的自我探寻之路才刚刚开始。

两个月之后，我收到刘欣的一封邮件。他告诉我，已经重新找到了一份与原来专业相关的工作，虽然看上去没有原来那么"稳定"，但是报酬还不错，工作环境也是自己喜欢的。他说，他在尝试着做自媒体，在摸索一种"艺术人生"的活法，然后分享给更多的人。可能这样的活法"不能当饭吃"，但是，这就是属于自己的一部分。

【拐角看见】

在迷茫和焦虑的时候，你以为自己是在和周围的环境、传统、圈子抗争，其实你是在和自己抗争。找不到自我，就不知道该如何坚定；不知道喜欢什么，就不知道该如何付出。此时的迷茫是找不到自我的迷茫，此时的焦虑是急于安心的焦虑。

当我们总说"不喜欢"的时候，不妨问问自己："我喜欢什么？"如果不知道，就给自己时间去探索，去体验，去尝试，允许"自我"在体验、尝试、追寻中成长起来。因为这可能就是自己成长路上缺失的功课，除了自己，没有人能帮你补上。只要你不放弃追求梦想，梦想就不会放弃你。

一只要改变命运的蜗牛

　　我的公益咨询只开放给一时贫弱，又希望通过自己的努力来改变命运的人。小婧开始是付费来做咨询的。

　　看小婧的信息表时，我有一些疑惑。

　　一方面，她正在参加各种培训学习。英语、日语、形象设计、财富、创业，这些课程个个价格不菲，一个最贵的课程，学费竟然高达五万元。我想，她该是经济很宽裕吧？会不会是希望通过咨询来确定未来的方向呢？

　　另一方面，小婧过去的职业信息显示，她的经历都是一些非常普通的打工人生活，美容美发、超市收银、餐厅服务员、电话销售，收入应该也都不高。她已经工作了六年，目前是待业状态。这样的经济状况，怎么会参加那么贵的培训呢？难道是家境殷实？可是，在信息表里，我看到的家庭信息是：从农村出来打工，母亲寡居。

　　带着这样的疑惑，我决定在咨询的时候先了解这个情况。有那么一刻，我甚至担心小婧的安全。我很直接地问："小婧，我看到你参加了很多学习，你的收入可以支撑这些学费吗？"

　　小婧并无半点隐瞒，淡然地回答："刷的信用卡，以后慢慢还吧。"

竟然是这样！

我这才认真地打量起眼前这个二十岁出头的姑娘：头发没有梳理，乱乱地散着，好像也没有化妆，容貌似乎并没有认真打理。身材微胖，衣服很不合身地裹在身上。她身体前倾地伏在桌子上，一对镜片后面的眼神是明亮的，好像随时准备冲锋。

"那些培训对你很重要吗？"我还是好奇，一个收入并不高的打工人，为什么要刷信用卡去参加那么多学习。虽然提了一个封闭的问题，但是问题间，透着质疑。

"重要。"小婧的回答很干脆，"我想变得更好，也不知道有什么更好的方法。我听人说，要投资自己，就得多学习。"

"想要变得更好。"这个回答里有故事，我更加好奇了，"那就说说你对于自己的期待，如果可以变得更好，你期待自己变成什么样子？"

"我想有一份自己的事业，可以充分发挥自己的能力，赚更多的钱，过上好生活，不再为金钱发愁。"听了小婧的话，我不知该如何接下去，既钦佩，又心疼，还有些不能理解。一时间，五味杂陈。一个生活有点窘迫的人，对未来充满期待，同时，还想拥有"自己的事业"。内心该是非常强大的吧！

看我没说话，小婧继续讲："老师，我和你说说我的经历吧，信息表上没有写的。"我点点头，或许过去的经历中，就藏着内心强大的原因。

小婧出生在农村，因为是女孩，从小被家庭忽略，后来，父

219

母离婚，妈妈出去打工，小婧高中没上完，就退学了。再后来就是自己出去打工，挣的钱有一些寄给妈妈，有一些就用来参加各种学习。

小婧的状况，让我忽然想到了蜗牛。背着一个重重的壳，在缓慢地爬行。生存的压力，对小婧来说，就像那个重重的壳，而她还在努力前行。在蜗牛身后，留下一道浅浅的白色痕迹，就像是呕心沥血地用生命书写的轨迹。对于小婧来说，她的壳太重了。令我意外的是，在她看来，种种背负，都是为了——改变命运，不做蜗牛。

"生活确实很辛苦，有时候感觉身心憔悴，甚至绝望。但我想，我不应该如此。我自己也曾经鼓励过别人，要努力，要敢于花明天的钱，才能赚到今天的钱。所以，我才报名参加各种学习的。我没啥学历，又没有什么技术，要怎么才能改变命运呢？"小婧有点纠结。

我想，努力是对的，冒险也没什么错，但最后形成的单一思维，小婧肯定是"成功学"学多了，有些话好熟悉啊：努力就能成功，花钱才能赚钱。仿佛所有的贫穷都是自己的错，自己没有眼光，没有魄力，不够努力。然后打开一条"光明大道"，蛊惑着人们如飞蛾扑火般裸奔而去。

果然，小婧告诉我，他曾经做过一个课程的电话销售，就是用打电话的方式，邀约人们听课，然后进行会议营销，包括以财富、创业、内在成长为主题，邀约一些中小企业家来听课，然后继续卖课，有几万、十几万的。有些成功学走的就是这个路子，而那些讲课的讲师，都是被各种虚假包装之后上场的，他们唯一的"成功"，就是从上课人的腰包里掏钱。

"那你现在怎么看？"

"我有些迷茫，又很纠结。"小婧说，"我觉得他们说的那种生活就是我想要的。我想要美好的生活，但是又感觉我没有什么能力赚钱，学来学去，似乎也没有学到什么拿得出手、可以赚钱的本领。所以，越学越迷茫。我也不知道学完之后该怎么办，所以才来咨询。老师，你说，我是不是注定是一个穷人啊？"

看来，持续地花钱，让本就不富裕的小婧陷入了一个更深的"大坑"——连信心都没有了。咨询中少有地，我给出了明确的建议：

"你回去以后，就把之前报名的课程能退掉的都退掉吧。包括我们现在这次咨询，我可以给你做免费的公益咨询，已经交了的咨询费你也找助理退款。"小婧一脸的惊讶，我解释道："你现在并不适合上这些课，它并不能有效地帮到你，你也不具备鉴别课程的能力。相反，刷信用卡导致的负债反倒会让你更加痛苦。"小婧有感受地点了点头，直了直身子，像是忽然轻松了一些。

"你不是学过美容美发吗？回去把自己捯饬捯饬，让自己容光焕发，状态会不一样的。"小婧的状态，让人感到她是自卑的，如花的年华，需要绽放。我看到，小婧的眉宇间舒展了不少，就继续讲："你得对自己有信心，信心可不是振臂一呼的口号，也不是天天给自己打打气就能有的。信心源自于现实，源自你的状态，源自你一点点做出来的成绩。你背了一身债无力偿还，看不到曙光，而把命运寄托在一次次培训上，这样状态的人是不可能有信心的，只会让你最终选择铤而走险。"

"老师，你解开了我心头的一个大疙瘩。我一直以来总觉得不对，但是就在想，这是不是因为我学历不高，努力得还不够？看来，还是选择不对。"小婧平静了下来。

"你对自己未来的生活有什么想法吗？我们一起来分析分析。"把小婧拉出坑，我决定和她继续探讨未来。

"我想过很多种可能，开美容店，开餐馆，做服装生意，就是不知道自己能不能做得来，我这个人不太会和人打交道。因为这个特点，曾经也有人建议我去做事务性工作，应聘大企业，或者外企，或者将来搞研发。"

搞研发肯定不是她目前阶段要考虑的一个选项，真不知道这是什么人给出的主意，小婧说自己不擅长和人打交道，这人竟然让她去做研发。做选择要考虑现实，还得兼顾企业要求和自己的资源，找到可行的选项，再做选择，不能凭空想象，靠"理论可能性"。

"你是怎么看这些可能性的呢？"

"哪条路都不容易吧，我的起点低，会比别人更难。但我愿意尝试，去改变命运。"小婧的回答让我肃然起敬，眼前又出现那只缓慢前行的蜗牛了。

茫茫人海里，总有一些人是选择自我放弃的，整日工作只为混个衣食富足，忍受着无意义的工作而不做任何挣扎。芸芸众生中，又总会有些人百折不挠地追寻着生命的意义，即便起点低，即便资源少，也想要创造自己的生命奇迹。小婧就属于后者。我也明白她为什么来找我做咨询了。

"在社会上，一个人想要发展，想要让自己有价值，就得先给别人带来价值。"我开始和小婧分析生涯发展的底层逻辑，"你最好从已经掌握的技能，可以提供的服务，可以做的事情出发，边做边积累。逐渐积累金钱和经验，这可以让你过上更从容的生活，也可以把金钱和经验变成资源，支持下一步发展。同时，还要提升自己。瞄准你最想做又能做得来的事情，给自己制订一个可行的目标，需要蹦一蹦才够得着的那种，为未来做好储备。"

各行各业都有杰出人才，想要获得发展，关键是，先要摆脱在生存线上挣扎的徘徊，那么，就得跳出能力水平低，收入仅仅满足温饱的状态。想做到这一点，经验、资金、规模、平台、服务对象、产品形态，都是可以考虑的突破点。

"那我还是做美容吧，之前也做过这个，还专门参加了培训。"原来，小婧还有一个开美容院的梦想。现在，她准备先去美容院应聘，把自己的美容技术重新捡起来，同时找机会学习深造，不仅学习技术，也了解如何做管理。积累两三年，再找机会创业，自己独立开一家美容院。这是一个靠谱的计划。

"老师，我还有一个想法，不知道对不对。"说到这里，小婧有些羞涩。

"别担心，讲出来听听。"

"我，我还想读书。"小婧有些怯怯地说。

"好啊，这是好事。这是你的梦想。梦想不需要别人评价对不对，只需要自己努力去实践它。我们再来制订一个学习计划吧。"

　　小婧喜欢外语，自己平时也参加一些培训，跟着一些平台学，有时候还参与一些社群打卡。她还有一个梦想，希望有一天能回到校园里上大学。我们一起制订了参加自学考试的计划，她把"英语翻译"作为自己未来想要读的专业。她说，经常在读一些英文的诗句，觉得特别美，如果能在不同语言之间建立起一座桥梁，她就可以自由地穿梭在不同语言的国度了。

　　听着她对未来的畅想，我感到特别美好。

　　"你对命运的不迁就，源于你的梦想，你对命运的不妥协，源于你的热爱。现实中，或许困难重重，遇到挫折的时候，真是有难以逾越的坎了，别着急，可以退回来再看看，可以迂回前进。记得，只有基于现实的梦想，才会实现。"

　　小婧重重地点了点头。

　　咨询结束了，我望向窗外。忽然想起小时候，伏在书桌前做作业，偶尔抬头看向窗外，看看对面山墙上绿油油的爬山虎，看见蜗牛。我写会儿作业再抬头看的时候，它们已经爬到了高处。它们慢，却不停歇。碰到了枝蔓，遇到了别的昆虫，受到了好奇孩子的骚扰，蜗牛会把身体缩回去，危机解除，又探出头来继续爬。如果一直盯着看，免不了替他们着急，但它们向上爬动的样子，似乎怡然自乐。

　　在晴朗的日子，顺着蜗牛的触角向上望去，会看到牵绕着的藤蔓，看到斑驳的墙壁，还有，从缝隙里洒下来的阳光。

　　有一天，我收到小婧发来的图片，那是一张准考证和一个成绩单。

【拐角看见】

每个人都有不同的背景、资源，很多因素在一出生的时候就决定了。有些人没有学历，没有人脉，没有机会，没有金钱，甚至除了体力，就再没有可以谋生的手段了。

但梦想会青睐其中的一些人，让一些人有动力，不服输，想要改变命运。其实，这正是他们最宝贵的资源。坚强、勇敢、坚毅、自信，这些品质不因财富、身份、地位而有什么不同。

追寻梦想的道路也没什么不同：基于资源，向前挪动一步，积累资源，再向前挪动一步。主动拓展，关注给别人带来的价值，不存幻想，遵循基本的人生法则——谁都可以改变命运！

自助小工具

【让梦想落地】

这个过程，是一个找梦想的过程，也是一个让梦想落地的过程。

特别感兴趣的事	喜欢的原因	为此做过些什么	计划要做的事
写下所有你感兴趣的事	写出你喜欢这件事的原因。 这个过程中，你会发现，有些只是喜欢，有些可以继续发展	一个不去开始的梦想，还只是幻想。一个没有付出的热爱，不是真正的热爱。 梳理你为喜欢的事情做过些什么，由此就可以筛选出来现在可以"真正开始的梦想"了	你会为梦想计划做些什么呢？ 只有可以写出计划，愿意实践的，才会是真梦想

【职业选择的考虑】

通过对每一个选项进行审视，打钩，更加明确自己内心的想法。

选项	最受不了的因素1	最受不了的因素2	……	最希望出现的因素1	最希望出现的因素2	……
选项1						
选项2						
选项3						

人生拐角，感恩遇见

有人问我："你做咨询师，有没有过无力感？那种无法帮助别人的无力感？"

我回答："有过，而且很深刻。那样的经历也是我成为资深咨询师的原因。"

有人问我："你已经写了好几本书，有没有因为写作太辛苦而想到要放弃？"

我回答："这样的感觉经常出现，但这正是我要继续写下去的原因，正确的事情做起来都不容易。"

有人问我："不管是写作还是咨询，你会不会因为别人对你的评价不好，而失落，甚至愤怒？"

我回答："当然会，只是近些年越来越少出现了，因为我在这个过程中获得了持续的成长。"

助人者的工作，有一个宿命——不管内心有多强大，经验有多丰富，也会遇到能力的边界。于是，在触碰到边界之后感受到的那种无力感，就会幻化为挫败后的沮丧和愤怒。有时候，这样的无力感会转为对于成长的渴望；有时候，这样的无力感会转为对于自己的接纳。如果不是这样，助人者就难以自我救赎。

王尔德说过，经验是每个人为自己的错误取的名字。

多年过去，我积累了很多这样以"经验"命名的错误，也因此而获得了巨大的成长。而成长也正是助人者工作的最大红利。这需要助人者对自己有所觉察，觉察到咨询中的任何一次情绪变化，提醒自己可以在哪些方面有所提升。这样的觉察，让助人者对成长保持开放。

成长红利加上助人成就感，吸引着助人者坚持不辍，持续工作，即便总会有无力感，即便不断挑战能力边界，即便明知这是一种宿命。

做咨询辛苦，写作更辛苦。然而，当完成一次次咨询，看到客户喜极而泣，豁然开朗，信心满满的时候，我的内心就会像花一样盛开。当写完一本书，想象读者因为一句话而醒悟，因为一个故事而深思，因为一个方法而有所发现的时候，之前写作的所有艰辛都会化为动力支持我准备下一本书。

虽然这本书的写作依然艰难，但当我完成写作，把这本书交给编辑的时候，感觉还是很满意的。因为这是一本可以在别人的故事里读懂自己的书，这是一本可以在愉快和轻松的阅读中领悟生涯智慧的书。

如果你正处于人生拐角，有纠结，有迷茫，有困顿，可以为自己翻开这本书，像是沏了一杯茶，或是冲了一杯咖啡，品读苦涩的同时，品味出有层次的内涵。如果你希望送朋友一件礼物，你可以选择这本书，即便朋友只是偶尔翻翻，说不定读到哪句话就会像是与智者的偶遇，知己的相逢，一语道破内心阴霾。如果哪一天因此收到朋友的感谢，不必惊讶，可以借机打开话匣子，和朋友多聊聊，建立更深的连接。即便是在书店里，偶尔看到这本书，拿出来，打开，倚靠着书架浏览一下，都可能有惊喜。是啊，这些故事里，一定有你的影子。

特别感谢那些曾经来找我做咨询的来询者，是你们的故事让我在写作的时候有了源源不断的素材。感谢我曾经培训和督导过的咨询师，培训的过程让我有机会对生涯困惑有了系统的梳理，而督导让我对咨询过程有了超出个人的更多体验。感谢那些帮助我的师友，你们鼓励我，指点我，支持我，让我能够在这条路上持续走下去。感谢我的家人，你们是我力量的源泉。

人生拐角，感恩遇见。

赵昂

2022 年 4 月